# Sendero de Luz

## Un viaje de regreso a casa

**Mensajes y enseñanzas Pleyadianas**

Romero, Tatiana
SenderoDeLuz / Tatiana Romero. - 1a ed . - Luján : Tatiana
Romero, 2020.
130 p. ; 22 x 15 cm.

ISBN 978-987-86-5640-3

1. Autoayuda. 2. Crecimiento Espiritual. I. Título.
CDD 158.1

# INDICE

"Queremos comunicar al mundo nuestra Sabiduría Divina, queremos que más almas Despierten, sobretodo más almas de nuestra familia de luz. Queremos que la humanidad tome conciencia del Poder Divino, del cual son parte y les pertenece.
Para que todo vuelva a comenzar, para que la civilización viva en paz y armonía, esa paz que muy pocos conocen, pero que existe y existió en el inicio de los tiempos del planeta que hoy habitan"

-Emisarios Pleyadianos de Luz-

*AGRADECIMIENTOS:*

*A mis guías espirituales, los seres Pleyadianos que a pesar de mis distracciones siempre están ahí para guiarme.*

*A mi compañero de vidas, novio, pareja, amigo, maestro, Diego Belzunces, mi gran amor. Gracias por complementar mi energía. Gracias por bajar a tierra y materializar toda información que está en mi campo cuántico.*

*A mi mamá, gran maestra que ha marcado puntos claves de este libro. Inicio, fin de capítulos, fin de etapas. Gracias.*

*A mi papá, porque gracias a él, a sus preguntas, a su forma de cuestionar la vida, hoy soy quien puede responder.*

*A mi hermano, por ser un Alma tan Sabia, validar y cuestionar cada una de mis palabras.*

*Gracias a todas las almas que me han acompañado y me acompañan en este camino.*

*Gracias a todas las almas que me acompañaran desde la lectura, desde el Amor, en este camino donde todos regresaremos a casa.*

Tatiana Romero.

# *PROLOGO*

Y sin pensarlo, sin que la mente se interponga en mi accionar, comencé a escribir. Las palabras brotaban tan rápido que, en ocasiones, era difícil seguir tal velocidad. Las palabras se convertían en oraciones, las oraciones en párrafos y los párrafos se convirtieron en páginas y las páginas se convirtieron en este libro.

Todas juntas, brindan la magia y el Amor; no desde mí, sino desde el Universo a través de mí, para ustedes.

La Consciencia puede manifestarse en infinitas posibilidades: la risa de los niños, las historias de los abuelos, en el movimiento de la cola de un perro, el ronroneo de un gato, en el sonido de las olas. En la naturaleza, en la luz y en la oscuridad. En personas que llegan a tu vida por un instante o en las que permanecen hasta el fin de tus días. En libros y en canciones. En poemas y en leyes. En sueños y en la imaginación. En la comida de mamá y en la protección de papá. En la pelea entre hermanos y en el beso de tu pareja. En ángeles o demonios. En el amanecer y en la tormenta más poderosa. En el asesino y en el sabio. En la flor y en las hojas de otoño. En fin, la Consciencia está ahí, y Es lo que quieras que sea. Este libro es parte de ella, y su fin es transmitir en palabras parte del Universo. Para entenderlo un poco más; entenderse a sí mismo, y así poder decidir y guiar la vida hacia el bien-estar.

Mi deseo es que este libro llegue a las manos de todo aquel que esté buscando a su Ser y que sienta que en la vida hay algo más que lo que vemos o lo que nos enseñaron. Si este libro está en tus manos, es porque eres uno de ellos. Eres un Ser encontrándose a sí mismo. Y esa es la magia de la vida.

# *INTRODUCCIÓN*

Este es un libro totalmente canalizado. Tema un poco cliché, la canalización, pero expliquemos lo que es. Como bien dice la palabra "canalizar" es ser canal. Un canal es como un puente donde une dos "cosas". Entonces ¿Qué es lo que unimos aquí? unimos al plano terrenal, a la vida como la mayoría la conoce, con los planos Superiores, planos de conciencia más elevados, frecuencias más sutiles que la materia tal como la conocemos. Estos planos, tanto superiores como inferiores son parte del mismísimo universo. Todos son parte de lo mismo. Lo que podríamos decir que "cambia" es la frecuencia con que se manifiesta la energía.

El ejemplo más básico para explicar esto es el del agua. Como nos han enseñado en la escuela. El agua, sustancia formada por dos elementos (dos partes de hidrogeno por una de oxígeno) puede manifestarse en diferentes estados dependiendo del contexto. Este contexto incluye a diferentes variables como por ejemplo la más importante: la temperatura. Dependiendo de estas variables, podemos encontrar hielo, agua líquida o vapor. Es la misma sustancia, pero en diferentes estados, sus moléculas vibran a diferentes frecuencias. Así, análogamente podemos imaginarnos que el universo "trabaja". Acá en la tierra seriamos como el hielo. El canal seria como el agua líquida y los planos superiores, el vapor.

Entonces, estamos uniendo lo mismo. Traduciendo al vapor en hielo. Traduciendo la Sabiduría Divina en información aplicable para la vida, para el día a día.

Lo igual puede traducirse en diferentes idiomas, todos validos a la hora de entender. Entender para luego comprender es el objetivo. Y para eso no hay límites de enseñanzas. Aquí en este libro hablaremos en "diferentes idiomas", hablaremos desde los Seres de Luz, desde la teoría y desde la experiencia física. No importa que no hables en todos los idiomas, lo importante es que entiendas uno de ellos. Y entender que ese Uno es parte de los otros. No importa cómo se manifieste la información, lo que sí importa es entender que eso *es* información.

Aquí, entre canalizaciones de Seres de Luz y experiencias propias te guiaré hacia tu Despertar. Si así lo deseas.

Integrar todas las variables con el fin de encontrar el bienestar. No importa qué integres o cómo, sino que *eso* te haga sentir que *eres* Eso que quieres Ser.

## *EMISARIOS PLEYADIANOS DE LUZ*

Ante sus pedidos, estamos aquí para responderles.

Queremos comunicar al mundo nuestra Sabiduría Divina, queremos que más almas despierten, sobretodo más almas de nuestra Familia de Luz.

Queremos que la humanidad tome conciencia del Poder Divino, del cual son parte y les pertenece. Para que todo vuelva a comenzar, para que la civilización viva en Paz y Armonía; esa paz que muy pocos conocen, pero que existe y existió en el inicio de los tiempos del planeta que hoy habitan.

Su visión hará que vean como nosotros Vemos. Sus ojos de tercera dimensión verán lo que nuestros ojos de Quinta dimensión Ven. Al Ver lo que vemos, sentirán como nosotros, al sentir como nosotros, adquirirán Inteligencia Divina, y eso es lo que tienen que trasmitir. Que el mundo se entere de lo que hay más allá de los ojos del cuerpo. ¡Que el mundo conozca la paz! Que sean muchos los que se salven del caos. Que sean muchos los que vivan en plenitud.

¡Fe y esperanza necesita la humanidad, sin eso no sobrevivirán!


Así es como tienen que actuar con Fe, Fe de que la Paz existe, de que la armonía gobierna sus vidas y que el universo está a su favor. Sin esto las almas se hunden, sin esto la obscuridad* las gobierna.

¡Hay que despertar a las almas dormidas, a las almas hundidas en las tinieblas**! Hagan todo lo que este a su alcance para lograrlo.

*Proviene de la mente. Miedo mental.


**El miedo mas profundo del ser humano. Hundidos en la emocionalidad.

Los Emisarios Pleyadianos estamos aquí para guiarlos y asistirlos. Si dudan de nuestra existencia, sí las dudas los incomoda, los canales que nos conectan se ensucian, se bloquean. ¡Mantenerlos limpios! ¡Así es como nosotros llegamos a ustedes!

Cada vez que nos piensen ahí estaremos. Nuestro amor es ilimitado y queremos que ustedes vibren en nuestro amor.

"Guerreros del tiempo"; "Sincronicidad Divina"; "Control de la visión de sesta dimensión a la tercera"; "Guardines del tiempo"; eso somos, eso eres y eso serás, así siempre ha sido. Que el ego no los destruya, que la luz predomine en sus vidas, que la obscuridad se desvanezca…

# *Sendero de luz.*

Sendero de Luz, por ahí es donde deben caminar, en donde la sincronicidad y la paz existen; el tiempo pasa las barreras del YO, el espacio se desvirtúa, el ego se deshace.

Queremos transitar el sendero de Luz con ustedes, a la par; es el sendero que los regresará a casa, a su origen. Caminando por la luz, como los Seres de Luz que son, para que la vida vibre en la frecuencia del universo, en una frecuencia infinita.

Todo lo que una vez han soñado, la esperanza de una vida plena, de una vida llena de paz, de amor, armonía, una vida sin tristezas ni preocupaciones, una vida así es la que los espera en el Sendero de Luz. Esa es la vida que nosotros queremos que ustedes tengan.

Mientras dejen entrar la luz a sus corazones y apaguen la visión del ego. Mientras que actúen desde el alma y no desde la razón. Mientras nos escuchen y pidan nuestra ayuda y no se desvíen por la mente y el miedo. Mientras así vivan, esa vida soñada será de ustedes. Esa vida llena de Amor será de ustedes.

Entonces hermanos, hermanos de luz, escúchennos, ábrannos sus corazones, nosotros tenemos una Verdad entre nuestras manos, una Verdad que ustedes siempre quisieron tener. No es una Verdad absoluta, pero es una Verdad llena de Sabiduría y de Amor.

Soy el Emisario Pleyadiano Ra, desde el portal de la Pluma Dorada. Portal que guarda toda la Sabiduría Universal, desde los orígenes del universo, de las razas, de las constelaciones.

Todo aquel que pertenezca a este portal será merecedor de conocer las verdades más infinitas del Cosmos, Guardines de la Sabiduría Universal, Guardianes de la Verdad Divina.

Como Guardianes deben proteger la Luz, la información que se les presentará a lo largo de su vida, deben protegerla de la ignorancia, de la obscuridad. Protegerla para que la información no se pierda ni se destruya, sino que se transforme en conciencia, en el despertar de la raza humana.

Los Guardianes del Portal Dorado (dorado porque es el color que ustedes ven y nos dicen ver de la energía Divina que guarda la Fuente Creadora del Todo), deben ser comunicadores, duplicadores de la sabiduría, deben guardar en su Ser la inteligencia del universo para poder trasmitirla de la manera más adecuada, de una manera coherente, armónica, trasmitiendo paz y luz. Esa es la única forma que deben ser capaces de trasmitir todo el conocimiento que nosotros les otorgaremos.

He dicho que deben ser coherentes, sus acciones humanas deben concordar con la energía vital del universo. No pueden no estar en el Sendero de Luz. Su vida debe ser iluminada, debe de estar en armonía, para que la tierra acompañe al cielo.

La vida de un Guardian de la Sabiduría Divina no puede basarse en la obscuridad, en el ego, en la envidia, miedo, tristeza, avaricia, lujuria, drama, caos. Pero no porque esto este "mal", sino porque es lo opuesto a lo que un Guardian Es. A la esencia de un guardián.

Si no son compatibles con su esencia, su vida será un desequilibrio constante y nosotros, los Emisarios Pleyadianos no podremos guiarlos ni asistirlos.

Nuestra constelación tiene diferentes niveles evolutivos, además del Portal de la Pluma Dorada, existen otros portales que varían dependiendo la esencia Divina que se les ha asignado.

Los niveles no son que unos estén más evolucionados que otros, sino que difieren en esencia, se envuelven en diferentes sabidurías.

El Porta de la Pluma Roja, Guerreros del Amor. Ellos batallan con Amor, ellos son los encargados de envolver al enemigo con Amor Divino. Ellos están para que la luz ocupe el lugar de la obscuridad, para que con su Fuerza Divina batallen contra todo mal.

Las almas que pertenecen a este nivel son almas en las que en el proceso de aprendizaje les tocan muchas batallas en el plano físico – emocional. Son almas que deben experimentar la guerra, para aprender de ella y sacar la mayor sabiduría de allí. Un guerrero siempre encuentra el modo de batallar y "ganar" con el Amor. Un guerrero siempre esta asistido por personas que tienen un amor verdadero hacia él. Su entorno le trasmite amor cuando el guerrero pasa por batallas internas. Las almas pleyadianas guerreras son las que más saben de dolor, traición, miedo, tristeza, soledad. No es porque nos hemos olvidado de ellos, sino porque deben conocer esta obscuridad para luego reconocer la Luz. Si no experimentan la ignorancia, no podrán vibrar en la Verdad que está preparada para ellos. Este es el comienzo del sendero para estas almas.

Mientras no estén vibrando en luz pura, mientras que el ego gane la batalla, el caos se apodere de la mente y el miedo gane, la energía Divina no gobernará sus vidas. Si no dejan entrar la energía sutil a sus mentes, la conciencia no se expandirá. Una conciencia no expandida es un alma viviendo en la ignorancia. Nosotros, seres de quinta dimensión, no podemos intervenir en su dimensión de forma directa, solo podemos hacerlo con su permiso. Sin su permiso nuestros mensajes no se podrían trasmitir. A quien le llega en manos estos mensajes es porque su conciencia es lo suficientemente extensa para que la energía Divina llegue de manera sutil y directa, sin interferencias.

Nada de lo que nosotros los Emisarios queremos trasmitirles llegaría sin su expansión Cósmica, sin su apertura de espíritu. Una mente expandida es un espíritu vibrando en su Plenitud, en todos los niveles multidimensionales. De esta manera llegamos a ustedes y nos reencontramos con su esencia. De esta manera todos sus pedidos serán escuchados y otorgados.

Gracias a los Ángeles de la Materia, podemos darles a ustedes, hermanos, los pedidos materiales que tanto anhelan en la dimensión que les toca vivir. Es ese traspaso de la energía sutil a la energía densa lo que logra que todo lo que pidan podamos llevárselos hasta sus manos.

Los ángeles de la Materia pertenecen al Portal de la Pluma Azul, estos son, de nosotros, los que más en contacto están con ustedes. Ellos son los que la mayoría de los seres de la Tierra ven con ojos físicos.
Estos ángeles son posibles verlos con facilidad porque ellos saben cómo lograr la materialización correcta para que el sentido de la visión humana los perciba.

El Portal de la Pluma Azul les da la bienvenida a todos los seres que quieran experimentar la magia en la tercera dimensión. Todos son bienvenidos, pidan y se les dará, pidan herramientas para que sus vidas en la tierra sean más armoniosas, pidan material y se les dará, siempre que consideremos que sus pedidos no dañen a ningún alma y sea concordante con su misión.

Solo basta con pedir amablemente lo que desean y mantener la fe y la esperanza en niveles vibratorios elevados.
Este portal es el que conecta a la tierra con el universo. Las energías sutiles se manifiestan en la tierra gracias a los ángeles de la materia. Ellos cuidan el reino material. Reino en el cual solo algunos merecen ser cuidados con alto esmero, como la naturaleza.

Esta materialización tan perfecta de la energía en materia necesita ser protegida, estos ángeles la protegen desde su esencia.
La esencia del Portal Azul es brindar amor y protección a un estado de la materia que no puede cuidarse por sí misma.

Lo material es energía vibrando en frecuencias bajas, tan bajas que no les queda sobrante energético para la protección de sí mismas.

Las almas pleyadianas pertenecientes a este portal, en su esencia, guardan la protección de las energías de baja frecuencia. Estas almas protegen lo material, tienen a la protección de la naturaleza, de las plantas, de los animales. Son almas protectoras, almas que sienten la necesidad de proteger. Pero antes de proteger son ellos los que necesitan estar protegidos. Son ellos los que necesitan protección. Así aprehenden[**] a cómo proteger a lo externo a ellos. Es así como, a través de la experiencia, pueden saber desde lo más profundo de sus almas, cómo se protege desde lo sutil a lo denso, desde el amor al odio, desde el Todo a la Nada.

"El universo conspira a su favor" ¿cuántas veces han escuchado eso? Lo que aquí realmente sucede es que la frecuencia vibratoria de sus pensamientos es igual a la del universo justo en un lapso de *momentum* determinado (llamamos momentum a la situación de vacío existencial que se encuentra entre la onda de frecuencia y el cambio vibracional). Este momentum hace que el pensamiento se acople a la vibración del universo; para que esto ocurra debe existir una sincronicidad perfecta. Para lograrlo nuestros seres de la sincronicidad lo hacen por ustedes.

Colocan su pensamiento en el momentum correcto para que se acople a la frecuencia del universo y así viajar a través del cosmos a miles y millones de años luz de sus mentes.

Una vez que el pensamiento se acopla con el universo, este lo envía a la quinta dimensión en donde los seres que allí habitan se encargan de programarlos para que luego se materialicen en la tercera dimensión.

Cuando llevan pensamientos "viejos", o también llamados por ustedes creencias limitantes, a la quinta dimensión, la función de estos seres es reprogramar para que ese pensamiento sea devuelto a la tercera dimensión con otra forma.

¿Porque les explico esto? ... es muy importante saber qué papel ejercen los seres de la Sincronicidad, para que entiendan qué es lo que hacen con sus pensamientos y además para que entiendan qué tan primordiales son a la hora de evolucionar.

---

**Experiencia aprendida y pasada por el cuerpo. No solo queda en el plano mental, como un conocimiento.

Porque cada pensamiento es materializado ya sea como herramienta o como acción, facilitando la estadía en la tierra y ayudándolos a que todo les llegue de la manera adecuada en el momento oportuno.

¡Jamás hay que dudar de la tarea de sincronización que estos seres preparan!

Porque de así ser, los pensamientos de dudas pesan el flujo energético por el cual pasan todos los pensamientos. Todos los pensamientos pasan por un mismo canal, los seres solo sincronizan los pensamientos que ayudaran a la evolución del alma y los que los guíen por el Sendero de Luz. Los pensamientos que esta función no cumplan serán desechados hacia el cosmos sin sincronicidad, pero sí harán que los canales se obstruyan, se opaquen y se bloqueen. Una vez que empecemos a trabajar con estos seres deben de cuidar los pensamientos. Estos deben ser de amor, de bienestar para sí mismo y para el prójimo, de paz y armonía.

Todo este conocimiento que brindaremos a lo largo de estas páginas, serán exclusivos para todo aquel que quiera y desee de lo más profundo de su corazón, con todo el Amor Divino, activar su conciencia, expandirla y vivir en la paz y el amor que el cosmos tiene para dar.

Quien esté dispuesto a recibir, se le dará. Quien dude de nosotros los EMISARIOS, quien no tenga pensamientos de fe, de amor, quien no acepte su Plan Divino, este conocimiento, esta información no les llegará. Jamás escucharan hablar de esto, jamás verán ni un solo párrafo de este libro y jamás escucharan nuestros nombres ni ningún nombre de nuestros vecinos de luz, de seres de otras constelaciones.

Así que no se preocupen de hablar y de duplicar los mensajes, nosotros nos encargaremos de que cada alma que desee vibrar en el Amor nos conozca, y les haremos llegar este conocimiento, de formas inimaginables para ustedes, pero reales para nosotros.

Quien sea capaz de escucharnos, leernos o sentirnos ahí estaremos para acompañarlos y brindarles toda la Luz que necesitan para su camino evolutivo, para prepararlos a la vuelta a casa.

Queremos que sepan que ustedes son tan imprescindibles para nuestra constelación como lo somos nosotros para su evolución en la tercera dimensión. Ustedes han decidido hacer este recorrido, ustedes aceptaron los retos y experiencias que les iba a tocar vivir. Ahora este camino está llegando a su tramo final, ya han cumplido muchas de las misiones encomendadas, ahora solo queda la última, la Gran misión. Y aquí estamos muy cerca de ustedes para que la logren con ímpetu, paz y eficacia.

Este tramo final es el Sendero de Luz. El camino de la Información, la última apertura de la conciencia, o como quieran llamarlo. En este sendero necesitaran que sus vidas se aproximen a vibrar alto, sutil. Aquí estamos nosotros los Emisarios, aquí están los ángeles, arcángeles, los seres de alta vibración para guiarlos, asistirlos, acompañarlos y enseñarles.
¡Déjalos entrar hermano! Para que el retorno a casa sea como lo pactamos.
Deben gozar de la vida, de la experiencia. Deben vivir en plenitud constante. Esto no significa que los estemos obligando, sino que queremos que sientan la gracia de estar vibrando a frecuencias elevadas, cerca de casa. Es nuestro mayor reto hacia ustedes. Deseamos que conozcan la paz en carne, que experimenten en armonía, que vibren en amor.
Tenemos herramientas que los ayudara a alcanzar esta Dicha. Además de la asistencia de los Portales. Queremos presentarles

herramientas para que sigan evolucionando: *"El viaje a casa"*, *"El perdón"*, *"Armonización Pleyadiana"*; *"El despertar del Cristo en mi"*; *"La fe"*; *"Sanación Pleyadiana"*; *"la Pluma violeta"*; *"Respiración Pleyadiana"*; *"El oasis del tiempo"*.

Estas herramientas serán detalladas a lo largo de una etapa. En primer lugar, se presentarán para que su conciente comience a conocerlas y a tomar conciencia de que éstas existen y existieron siempre con el fin de ayudar a sobrellevar la experiencia en tercera dimensión lo más armónica y gozosa posible.

A medida que la vida trascurre[*], las fases de la etapa de aprendizaje se van completando. En cada pasaje se presentará una herramienta nueva.

*A ti Ser de Luz que tienes en tus manos este material, puedo asegurarte de que el proceso recién comienza, recién estas comenzando a transitar sobre el Sendero de Luz, recién la conciencia comienza a expandirse y a sintonizar con el universo infinito. A medida que aprendas, las herramientas se presentarán en tu vida como por arte de magia, o por sincronicidad universal, como queras llamarlo.*

Toda herramienta llegará en el momento justo, cuando el alma lo necesite para dar el siguiente paso cuántico. Así que hermanos míos, disfrutar del camino de regreso a casa, vivir cada experiencia como lo que realmente es: única e irrepetible, con el fin de aprender, sanar y evolucionar.

En Calma, las herramientas llegarán a su debido momento. Ni antes ni después, solo cuando sea el momento y lugar.

No se preocupen dónde conseguirlas, nosotros los Emisarios nos encargaremos de ello, junto con los seres de los portales correspondientes.

---

[*]De suceder. Trans viene de "sobre algo", la vida no pasa sobre algo, la vida sucede.

Quiero que entiendan que este es un viaje de regreso, es un viaje en donde la paz, el amor, la armonía y la dicha prevalecen. El ego desaparece y con él todo el mal que causa. No es un viaje fácil de transitar, lo sabemos y estamos dispuestos a acompañarlos y guiarlos en cada paso. No será un viaje corto. Hay mucho que deben aprender, hay mucho que deben recordar, hay mucho que deben olvidar.

Todo está bajo un Plan Divino. Un Plan de Amor Incondicional, un Plan en donde todos son Hijos del Cosmos y por ende todos tienen las mismas oportunidades y asistencias. Está en cada uno, en sus corazones, si aceptan la ayuda o no. Está en cada uno si vienen a recorrer el camino de la luz con nosotros.
Nosotros aquí estaremos, aquí esperaremos para acompañarlos. Cuando ustedes lo decidan, en el momento y lugar que ustedes decidan, ahí vamos a estar.

Cuando la duda y la confusión se presenten, el camino se hará más denso, oscuro, sinuoso, al punto de que el caos generado interiormente coalicione entre sus partes y genere aún más confusión y duda.
La confusión está dada por la función de hacer converger diferentes temas, situaciones o experiencias que nada tienen que ver entre sí. Cuando lleven a cabo esta función, lo que se presentará será un desacuerdo entre las partes. En donde no coincidirán por el hecho de que son diferentes y no complementarias. Entonces aparece la duda, la duda de qué parte es la correcta, qué parte va en primer lugar y cuál es la siguiente… pero en realidad no hay respuesta para eso, ¡¡¡porque las partes que quieres unir no pueden unirse!!! Las partes funcionan bien por sí mismas y no juntas. Cada parte

tiene otras partes, pero no esas que estás tratando de converger.

Para qué les digo esto hermanos, para que entiendan que éste no es un camino fácil. Que las trampas aparecerán en todo momento. Y que son trampas que ayudaran a entender y evolucionar. Sin ellas el aprendizaje no existiría y la experiencia no se podría llevar a cabo de manera eficiente para la evolución.

Para cada trampa existe una herramienta general. Si bien todas las herramientas que les presentemos son para sus vidas en su totalidad. Predominara una trampa en una herramienta.

24

# El viaje a casa

## Capítulo 1

## *Trampa: confusión y duda*
## *Herramienta: recordar*

Cuando deciden experimentar en tercera dimensión, sus registros se van almacenando en lugares del universo que no pertenecen a la mente humana. La mente es capaz de acceder a ellos cada vez que lo requiera, pero esto no es habitual. Todo lo que el alma fue, su esencia, su origen, las experiencias que atravesó en las diferentes dimensiones, todo queda ahí registrado y guardado. Los secretos más profundos, los dolores más severos, la felicidad más placentera, el amor más puro. Todo ahí, en los registros del alma.

Cada alma tiene un registro que es propio, único. Todos estos registros separados, pero a la vez formando uno y solo uno: el registro de los orígenes y de la memoria de la humanidad. Estos se encuentran en el registro del universo, aquí se encuentran los registros de cada galaxia, de cada constelación. Al igual que el alma, el universo tiene su origen, su sufrimiento, su felicidad, su amor, su pureza, su sabiduría. Todo está archivado y protegido.

No todos tienen el *derecho innato** de conocer los registros del Universo. No es el caso de los registros de las almas. A esos registros, que si bien están protegidos, muchos pueden acceder. Pero a los registros del Universo, del Cosmos, quien se dé el permiso para leerlos, aprender de ellos, entenderlos, y protegerlos, serán los encargados de comunicarlos. Para que la oscuridad no los elimine.

*Depende del grado evolutivo del alma, sus aprendizajes y el nivel de permiso otorgado a sí mismo.

Es una tarea majestuosa, es la tarea más ancestral, pura y Divina. Esta tarea, si ha llegado a tus manos, no la desperdicies, no la elimines, no la bloquees. Si el Cosmos entero conspira y aprueba que accedas a su Sabiduría Pura e Infinita, entonces, no destruyas su Plan. Acéptalo y prepárate para vivir una realidad mágica.

Quien pueda Acceder a los Registros del Akash son los encargados de protegerlos, son los encargados de brindar toda la información necesaria para el bienestar de las almas, para la sanación, aceptación, entendimiento, respeto y amor. Y quien pueda acceder a los Registros Universales, ellos serán los Guardianes de tan Majestuosa Sabiduría y Pureza. Allí encontraran todas las respuestas que necesiten, allí encontraran todo el amor en su forma más pura, allí encontraran la paz, la dicha, el gozo, la plenitud. La omnipotencia. Siéndose omnipresentes de revivir cada momento del maravilloso origen del Cosmos. De la sabiduría que allí reside.
¿Por qué les cuento esto? porque en los Registros esta todo lo que necesitan para recordar de dónde vienen, su esencia, su origen. Allí están todas las respuestas que desean, allí están marcados la infinidad de caminos que han caminado o que pudieron haber caminado. Y los caminos que se les presentara más adelante; todos los caminos, incluyendo el sendero de Luz.

Quien acceda a esa información, descubrirá para qué vino a esta tierra, a experimentar qué cosa; entenderá qué fue lo que ya ha experimentado; aceptara los retos que se aproximen; perdonará y respetará las decisiones que ya ha tomado con experiencias pasadas. Quien acceda a la información, se iluminará, su conciencia se expandirá y conocerá su esencia, la esencia más pura, de la cual venimos, la cual no está contaminada por la mente, ni por la sociedad, ni por la oscuridad.

Quien esté dispuesto a acceder a la Luz, se conocerá a sí mismo, entenderá, aceptará y honrará lo que fue, lo que es, y podrá decidir qué será.

Quien esté dispuesto a conocerse a sí mismo, tendrá las puertas abiertas a la Sabiduría de su origen, a la expansión de su mente, a la luz, el amor y la paz.

Quien no esté dispuesto, vivirá en el miedo, en la incertidumbre, su esencia no saldrá a la luz, por lo tanto, quedará oculta en la oscuridad.

Mas te conoces a ti mismo, más recordaras quién has sido y de dónde vienes, y más placentero será el retorno a casa, el regreso al origen. A tu hogar.

Pero ¿por qué esta información se oculta en ese lugar llamado Akash? Por la simple razón de que tienen que "ganarse" ese Derecho Divino, tienen que ser merecedores de la Luz, de la Información. Merecedores de recordar. Un merecedor es un alma que **acepta** Ver. Un alma que acepta lo que se le da. Quien no acepte y no quiera recibir los regalos que el universo tiene para darle, no podrá recordar quien fue, ni quién es. Y no sabrá qué camino tomar para el regreso a casa.

Cuando sus almas se originan en la energía del Cosmos, están en la primera etapa, en la "Primera Causa", a causa de ese origen ustedes comienzan a ser seres de una energía inimaginable. Cada Ser "navega" por el universo, y su vibración comienza a modificarse. Dependiendo de la modificación, la cual depende de la velocidad, y de qué energías hayan *llegado primero* (Amor, Luz, oscuridad, Paz,

Gozo, tempestad, etc.) serán atraídas, estas almas, por el núcleo de vibración más cercano y similar a la propia. Estos núcleos pueden ser de diferentes planetas, constelaciones, galaxias. Son núcleos con diferentes frecuencias vibratorias, generando así una esencia diferente.

Ahí en ese núcleo es cuando se comienza a ser un Ser, con las características propia de cada núcleo. Con la información de cada núcleo. Con la energía de cada núcleo. Ese es el origen del alma, ahí comienza su evolución, desde ahí se empieza a escribir su propio registro.

Un registro, que es la grabación, impregnación de ondas fotónicas plasmadas en una energía sutil pero densa comparándola con la energía sutil de universo. Un registro es su más valioso tesoro, su Yo más profundo. Son lo que el Registro guarda.

Si recuerdan cuál es su origen, si recuerdan de dónde vienen, podrán saber hacia dónde van. Podrán saber cuál es su objetivo, su fin, su hogar. Y ahí ver claramente cuál sendero tomar, cuál es la información a trasmitir y hacia quién trasmitirla, cómo, y para qué.

Quien no recuerde esto, no podrá guiar, quien no pueda guiar, está muy lejos de su Misión Divina, porque toda misión del alma es guiarse los unos a los otros. Quien guía al otro se está guiando a sí mismo, y quien se guía a sí mismo, automáticamente está guiando al otro.

Quien no recuerda, tiene información desordenada esto hace que no sepa qué información va primero, en qué orden, cómo acomodarla, qué hacer con ella, si esto pasa, la emoción se describe como *confusión*.

"Me confundo porque tengo información de diferentes lugares que no sé cómo organizarla. Entro en duda, porque no sé cuál es el origen y cuál el final".

Si la mente esta confundida, se genera caos.
El caos atrae a la oscuridad, se alimenta de ella. Si alimentan a la oscuridad la información comenzara a eliminarse, bloquearse.
Si se bloquea, no hay luz.
Si no hay luz, no pueden ver qué es lo que tienen que proteger.
Si no saben qué es lo que tienen que proteger, no pueden aceptar nada de lo que reciben porque no saben cuál es la Verdad.
Si no saben cuál es la Verdad, no pueden conocer la esencia de las cosas.
Si no conocen la esencia de las cosas entonces, no conocen de dónde vienen, por lo tanto, no saben hacia donde van.
Si no saben hacia donde van, entonces no pueden elegir ningún camino.
Sin camino hay confusión, hay duda de cuál tomar primero, hay caos, hay oscuridad.
Si saben de dónde vienen; saben hacia donde van. Por lo tanto, el camino de regreso se mostrará. Si este se muestra es porque hay luz.
La Luz es Información, la Información ayuda a recordar **Quién Soy Yo**.
Y si "**Yo Soy**" quien Soy, entonces así se podrá aceptar. Si se acepta, se es merecedor.
Y toda alma merecedora atraerá la sabiduría y será capaz de protegerla para brindarla a quien quiera volver a casa.

Vuestra conciencia es infinita como el universo mismo, porque son parte de él. Cuando comienzan a descender y a transitar por las diferentes ondas vibracionales, vuestra conciencia se modifica para "encastrar" de la mejor manera posible a cada vibración.

En la tercera dimensión la vibración es muy baja por lo tanto la conciencia debe "minimizarse" lo necesario. Este reajuste hace que mucha más información de la planeada por el cosmos deba ser archivada y almacenada por el registro.

Si vuestra conciencia no se redujera a tal punto, como lo hace en 3ra. dimensión, entonces el recordar sería mucho más simple y placentero.
Si recordar se hace difícil es porque la conciencia no está lo suficientemente abierta para recibir la información que el Cosmos tiene para brindarles.
Si el recordar no llega a sus mentes entonces no se tendrá la habilidad de expandirla. A menos que se pida desde lo más profundo del Ser y se sienta la necesidad innata de recordar quién eres, hacia dónde ir, con el fin de volver a casa de la mejor manera posible.

Expandir la conciencia a niveles infinitos es logrado solo por quien ha aprendido a lo largo de las experiencias. A medida que las experiencias son aceptadas, perdonadas, respetadas, honradas, la conciencia se expande por propia naturaleza Divina. Quien experiencia tras experiencia no acepte el camino, tendrá que volver a transitarlo hasta que su mente de tercera dimensión decida aceptar.

Quien recuerde estará listo para expandir su conciencia. Los recuerdos son ilimitados, tal como la expansión de la conciencia.

Quien recuerde podrá saber de dónde vino, quién fue, hacia dónde ir, qué camino tomar, y cómo regresar desde donde partió.

Pero además de recordar, tendrá que dejar que su conciencia se expanda y acepte la luz que en ella ha de entrar. Quien no acepte la luz, la oscuridad gobernara. Vivirán en la ignorancia. Si la ignorancia es carencia de información, no tendrán información que les recuerde quienes son.

Los procesos son simples pero la mente desmemoriada hace que se complejicen y se bloqueen. Si dejan que la mente no quiera saber el Cómo, porqué y para qué de todo lo que le sucede de cada experiencia, todo sería más espontáneo y placentero.

Quien este inmerso en la ignorancia, está viviendo en la confusión, la cual se manifestará de diferentes maneras a lo largo de todas las experiencias (vidas).

Se manifestará confusión en el amor, en las relaciones, en lo material, en la salud y bienestar del cuerpo físico.

Esta confusión estará dada por miedos, dudas, desorden, tristezas, avaricia, envidia, lujuria, angustias, ira, colera…

Para los seres de la tercera dimensión, los humanos, esta confusión es "normal" se acostumbraron a vivir en ella y creen que es parte de la vida, creen que es parte de las experiencias que les toca vivir. Pero la Verdad va más allá de eso.

Cuando uno vive en Verdad, la confusión no prevalece en la vida. Cuando uno vive en Verdad la confusión se manifiesta solo unos instantes hasta que llega el momento Santo del cual: se entiende, se acepta y se honra esa confusión y por ende se aprende de ella.

Se aprende, y con respeto y amor, se acepta para dejar entrar la Luz, la Información que viene a despejar a la oscuridad.

Quien quiera vivir en la Información, deberá honrar los momentos de Confusión, entendiendo que son procesos, de lapsus cortos, que se presentar justo antes de que la información de Verdad llegue.
Es la etapa primera de la manifestación de la Luz.
Pero si no hay entendimiento ni aceptación, esa etapa no será corta y prevalecerá en la vida. Haciendo que crezcan las emociones oscuras.

"Estamos en la era de la información", plantean los seres de la tierra. Pero el significado de esto fue modificado por la Oscuridad. Apagando de este modo a la Luz, a la Información Verdadera.
La Era de la Información, es la etapa del proceso que viene seguida de la Era de la Confusión, de la etapa primera. Aquí los canales de la Luz son activados y puestos en marcha para quienes han logrado superar la etapa de confusión. Para quienes han aceptado el caos y aprendido en él.
Para estos seres, la Información llegará directamente del Universo a sus almas.
El caudal informativo es infinitamente grande.
Si eligen esta Información, y no la falsa información que la oscuridad presenta (medios masivos, culturas, religiones, política), y basan su vida en la Verdad, la experiencia mejorará y experimentaran desde el Amor y la armonía.

La oscuridad ha intervenido, ha hecho creer que la información que se presenta en los medios masivos, es la verdad. Y las mentes de los ignorantes se dejan llevar por eso, por esa energía carente de Luz, por esa información que aleja de la Verdad, de lo que realmente son. Aleja de lo que han venido a hacer en este planeta, los aleja de casa, de su Verdadero Hogar.

Quien recuerda demasiado es porque la conciencia se ha expandido a limites que la mente humana no puede controlar.
Se necesita un proceso en donde la conciencia vuelva a entrar en la mente y así la mente entender todo lo que está recordando.

Si bien el caudal informativo no hará daño. Sí puede ocasionar un colapso mental a nivel físico. Ya que la información del Universo es Infinita y con una vibración absolutamente diferente a la que en tercera dimensión se está acostumbrado.

Entonces hermanos, pongan los pies en la tierra, permitan que la Información entre, absórbanla en sus concientes hasta que la mente comience a entender, aceptar y creerse merecedora de todo lo que se le presenta.
La sabiduría Divina es Infinita. Conocerla llevará un proceso mágico y revelador. Aquí estamos para presentársela.

Hay diferentes maneras de recordar, diferentes maneras de saber *quién Soy,* diferentes maneras de expandir la conciencia. Mediante sueños, lectura de registros, meditación, hipnosis entre otras más comunes.
Las maneras de recordar poco comunes, las experimentan las almas que están preparadas para la conexión con otras dimensiones. Esto es mediante el contacto directo con Seres de Luz, Seres de otros mundos, de otras constelaciones, de otros universos.
Estos Seres se comunican directamente con seres de la tercera dimensión que estén altamente evolucionados; una evolución alta para vivir en tercera dimensión, pero aún no lo suficiente como para vibrar en otras dimensiones.

Hay personas que vibran a un nivel de conciencia en el cual la Información Divina les llega automáticamente con el simple hecho de hacer silencio y escuchar. Estas personas son las encargadas de comunicar los mensajes que los Seres de otras dimensiones tienen para la Humanidad, sin estas personas la Humanidad no puede evolucionar. Ya que la mayoría esta "sordo" y ajeno al sonido vibracional de otras dimensiones.
Todos tienen el poder y la capacidad para escuchar, está en su esencia. La diferencia es la cantidad de experiencias vividas y aprendidas, y el permiso que se le otorga al alma para expresarse, es lo que hace que algunos escuchen y otros no.

Pues hermanos, escuchen los mensajes que vuestros pares tienen para comunicar.
Quien no quiera escuchar, respetado será.
Quien quiera escuchar, las Puertas del Universo estarán abiertas para que sus almas ingresen a la magia del Cosmos.

Todo lo que el alma tenga que recordar, lo recordará en el momentum adecuado, siguiendo las normas y Leyes del Plan Divino.
Este Plan esta tan minuciosamente pactado y escrito que ningún detalle es pasado por alto. Todo, absolutamente todo está planificado en el camino de la Luz. En el sendero de regreso a casa.
Todo lo que haya que recordar del Universo será recordado por las personas que amplíen su conciencia.
Estos recuerdos serán develados más adelante, aun no es el momentum oportuno para que la Humanidad se regocije de tan Majestuosa información.
Todavía hay mucha obscuridad que debe de ser des-integrada.

# El Perdón

## Capítulo 2

## *Trampa: el error*
## *Herramienta: perdonar*

Muy pocas personas conocen lo que es en verdad el perdón, la acción del perdonar. Muchos creen saberlo, muchos creen experimentarlo, pero la energía Divina en la que se envuelve el perdón, va más allá de lo que la mente humana conoce.
Si bien hay "chispazos" de esa energía en los pensamientos, cuando creen que están perdonando, no se asemeja a nada a la vibración energética que por excelencia Es.

¿Qué es en Realidad el perdón? Es una energía sutil que se dispersa por el Cosmos en forma de espiral, envolviendo a la energía Divina, a la energía del Todo.
Este espiral energético, vibra a frecuencias muy elevadas, pero tiene la capacidad de disminuir su vibración y asemejarse a la vibración del *error*, para luego deshacerlo.

A los ojos humanos se puede definir color celeste brillante. Pueden ver esta energía descender y envolver a otras energías más densas hasta hacerlas desaparecer.

Pedir perdón es pedir que esta energía descienda directamente del Cosmos y envuelva a las energías densas, que causaron el *error*, para hacerlas desaparecer.
Si una persona no es conciente del acto energético que está desatando, si no es conciente de la energía de perdón, entonces no podrá deshacer el *error* que habita en su mente.

Una persona conciente es cuando sus límites terrenales han sido sobrepasados.

Desde que se elige experimentar en tercera dimensión, se otorgan limitaciones a nivel universal, energético. Esos límites se van expandiendo a medida que se experimenta.

Los limites hacen creer que son uno separados del Todo, pero en realidad, son Uno con el Todo. La diferencia radica en que no recuerdan de dónde vienen y están limitados a utilizar la conciencia, lo que implica que se creen separados de la Divinidad.

Cuando entiendan que la conciencia, la esencia, es infinita como el mismísimo Universo, entenderán que los limites son ilusiones, que no existen en absoluto y que son tan infinitos como el Universo.
Al pertenecer al Universo pueden utilizar cualquier tipo de energía que se presente; siempre y cuando sean concientes de dónde viene, para qué sirve y hacia dónde se va.

La energía del perdón es una energía que se origina entre el Akash y la tercera dimensión. Es tan sutil como la energía de los Registros, y tan densa como las energías de la Tierra.
Su origen es en el Akash, por tal motivo puede deshacer los *errores* ahí registrados y transformarlos en recuerdos de amor y luz. Su fin es en tercera dimensión, en donde puede deshacer el *error* que en ella se origina, envolviendo lo físico y lo denso en vibración.

Un *error* proviene de todo tipo de acción, palabra, actitud que se origine en el ego. En la oscuridad. Una acción originada desde la oscuridad daña, bloquea, paraliza, oculta la Verdad, apaga la Luz.
El *error* es una trampa doble, daña a uno mismo y a quien va dirigido.

Una acción desde la oscuridad que apaga la Luz, oculta Información, aleja de la Esencia a quién la realiza.

Al pedir la energía del perdón están deshaciendo esa acción a nivel energético, lo cual hace que la oscuridad se corra y dé lugar a la Verdad, a la Luz.

Todo tipo de *error* radica en la confusión. Todo lo que de la oscuridad provenga, daño hará a quien se deje dominar.
Las emociones de baja vibración como la ira, envidia, miedo, tristeza, angustia, colera, desesperación; y las acciones como violencia, asesinato, torturas, abandono y más, son las que la energía del perdón deshace.
Todos los pensamientos que no provengan del bien, de la Luz, son los que la energía del perdón deshace.
Esas emociones y pensamientos dañan a quien los origina y a quien los recibe. Con la energía del perdón esto se deshace dando lugar a la pureza y la vitalidad.

No hay *error* que el perdón no pueda deshacer; siempre y cuando la mente del emisor y del receptor quieran acomodar el daño causado.

Si la mente no permite que esa energía ingrese en su más alto nivel, esta no podrá deshacer nada. Si la mente permite y da lugar a que el perdón ingrese, entonces ahí, esta energía sutil, celeste y brillante, se presentará y deshacera todo lo que deba deshacer.

El pedir perdón es querer que los errores, pensamientos y acciones sin luz, desaparezcan del campo energético. Estos ahí se depositan, en los cuerpos etéricos. Mas errores se acumulen en los cuerpos (cuerpo áurico, cuerpo emocional, cuerpo mental) más densa será la energía vibracional.
Cuanto más denso vibren, más situaciones o personas que

vibren a ese nivel, atraerán. Y si atraen situaciones con poca luz entonces la vida será oscura, estancada, pesada, bloqucada, ya que vibrará denso; el error comenzará a generar una esfera densa de energía en todos los cuerpos.

Si se deshace esta energía, los cuerpos se limpian, se destraban, se desbloquean; los limites creados por situaciones oscuras desaparecen, y la vida comienza a vibrar en frecuencias más altas, atrayendo hacia ella un caudal energético de Luz e Información tan amplio como la propia conciencia lo permita.

Mas perdonen, menos *error* bloqueara el campo energético.
Quien quiera el perdón solo tendrá que desearlo. Tendrá que atraer esa energía pura a su vida.
El deseo es desde el corazón, desde el alma. La frecuencia energética del alma atrae la frecuencia sutil de la energía del perdón.
Todo el error que deba deshacerse en el momento adecuado se deshacera, para el propio alma y para el alma de las futuras generaciones.

Las células humanas contienen ADN, allí hay información: recuerdos de todo lo experimentado en cuerpo, en mente y en alma. Cuando procrean vida humana, traspasan células, ADN, información a la nueva alma engendrada. De esta manera todo lo que en las células está registrado se comienza a compartir con las células de la otra parte de la co-creación. Así se crean nuevas células, con información mezclada de dos almas; estas células nuevas tendrán el ADN de las dos partes de células creadoras. Tendrán la información de padre y madre.

Sí las células están bloqueadas, oscuras, con vibración baja, las nuevas células también tendrán esas características. Es por esto la importancia de limpiar la información de las células, porque con ellas se limpian los bloqueos de energías densas, y las nuevas generaciones nacerán con células más limpias, puras y sin bloqueos.

Limpien sus células con la energía de perdón, para liberarse de cargas y del *error* del pasado.
Células limpias, generaciones limpias de *error*.
Esto hará que las almas que nazcan puedan recordar sin tantas dificultades, puedan recordar sin obstáculos. Puedan recordar sin limitaciones. Su conciencia se expandirá con mayor facilidad y la Luz entrará a sus vidas en una etapa más temprana, y así el planeta se Iluminara.

Todo aquel que utilice la energía del perdón de manera adecuada, es decir intencionando la energía que desciende para que deshaga el *error*, podrá experimentar la Dicha, la Plenitud, que existe sin las cargas emocionales de la oscuridad, de la culpa, del miedo.
Experimentará regocijo, paz, armonía; las cargas energéticas se desbloquearán, las limitaciones ya no existirán.

# Armonización Pleyadiana

## Capítulo 3

## ***Trampa: desequilibrio***
## ***Herramienta: anclaje a la tierra***

Vivir en tercera dimensión es vibrar en una frecuencia de la cual no eres perteneciente. Vuestra esencia es universal, vibra desde su origen con la energía sutil de la Causa Primera.

Al decidir experimentar en la tercera dimensión, la conciencia se *reduce*, el Ser comienza a vibrar en tres partes diferentes: mente, cuerpo y alma. Cada parte vibra según el plano que ocupe: el cuerpo físico vibra densamente, es el que más pertenece a la tercera dimensión, al plano uno. La mente, vibra en el cuerpo etéreo mental y emocional, en el plano dos y tres respectivamente. El alma, vibra en el cuerpo espiritual, en el plano cuatro, llegando al plano nueve con el Yo Superior.

Estas diferencias de vibraciones, estos planos paralelos, hacen que el desequilibrio se produzca más fácilmente si no se toma conciencia de lo que está pasando.

Un ser humano desequilibrado, tiene en desequilibrio todos los cuerpos. Todos los canales energéticos, todos los puntos de conexión. El no conocimiento de esto genera un desorden mental, la atracción de vibraciones bajas, estrés, dolores físicos, normalmente de cabeza, mareos, malestar estomacal, disminución de la presión sanguínea, cansancio extremo, somnolencia, insomnio, enfermedades varias.

Cuando los cuatro cuerpos en los nueve planos no están en eje con el Universo ni con la tierra se produce el desequilibrio.

Estar en eje significa que los cuerpos vibren armónicamente uno con el otro. No iguales, porque cada cual tiene si vibración específica, pero sí en armonía. Como una orquesta sinfónica, que cada instrumento tiene su sonido, su frecuencia y su vibración, cuando todos deciden tocar la misma melodía, se armonizan en sonido, frecuencia y se estabilizan en vibración, uno acompañando al otro.

Por momentos esta orquesta hace solos de algún instrumento, alguno predomina, por un momento. Luego todo vuelve a la armonía acústica. Si hacemos comparación entre el Ser y una Orquesta Sinfónica, podemos decir que cada cuerpo son instrumentos que se unen y se acompañan para tocar la misma melodía, la melodía de la experiencia de la vida en la Paz y el Amor. Donde por momentos la vida va a pedir que un cuerpo determinado tome protagonismo, como por ejemplo el cuerpo mental en situaciones laborales. Pero este protagonismo solo debe ser por un momento, luego debe acoplarse a la melodía que los otros cuerpos están tocando.

El director de la orquesta debe ser el sentido de la intuición. Es un sentido poco desarrollado en la masa de la sociedad, pero muy necesario. Sin el director de la orquesta no pueden ver qué cuerpo esta desafinado, cuál está fuera de tiempo, cuál tiene una nota (frecuencia) diferente. Se debe entrenar al director de la orquesta, se debe desarrollar el sentido de la intuición para que todo el Ser se armonice y esté en equilibrio, vibrando a la frecuencia Cósmica.

Este sentido se desarrolla con la práctica: **aprender – practicar - enseñar**.

**Aprender** qué es lo que pasa en el Mundo Invisible de los otros planos, entendiendo cómo funcionan; **practicar** con experiencias, situaciones que se presenten para poner en marcha lo aprendido, y luego **enseñar** a otro Ser el funcionamiento de lo Invisible, para que éste aprenda, para luego practicar y finalmente enseñar a otra alma. Así el trabajo será duplicado y se expandirá por el mundo; las personas comenzarán a vibrar en armonía con el Universo, todos cantarán la misma melodía.

Para lograr que los cuerpos estén en equilibrio se trabajara en los puntos energéticos que unen todos los cuerpos. Estos puntos energéticos son: los chakras principales, el hilo de conexión con la divinidad, los chakras secundarios de los pies que los conectan a la tierra, los canales energéticos Ka, la energía kundalini, las energías esotéricas, el hilo de plata, el alma en su totalidad, la estabilidad celular.

Todos los puntos de conexión deben estar equilibrados por sí solos y con el resto de los puntos.

Aquí trabajaran con los chakras principales.
Cada chakra está relacionado a una glándula del cuerpo, cada glándula está relacionada con el funcionamiento de determinado sector de cuerpo físico. Si estas glándulas están funcionando de manera inadecuada es porque la entrada de energía por la puerta correspondiente a ella está bloqueada, sucia, dañada. Estas puertas son las que denominamos chakras, son por donde la energía entra para luego ser distribuida en el sector que le corresponde. La que organiza la distribución del flujo energético con las glándulas. Por eso es tan importante que funcionen de manera adecuada, para que puedan distribuir la energía a cada órgano por el torrente sanguíneo que le corresponde.
Si la glándula funciona mal, los órganos comienzan a funcionar mal. Consecuentemente aparecerán enfermedades.
Las limpiezas de estas puertas de caudales energéticos deben hacerse frecuentemente, ya que los bloqueos y suciedad son a causa de las emociones y pensamientos. Cada chakra está relacionado a emociones y creencias diferentes.

## *El chakra raíz*

Relación con la madre. Con la figura femenina, ya que es el chakra que conecta con la Madre Tierra. La que los vio nacer, la que los mantiene con vida. Todo problema relacionado a la madre, o figura materna hará que este chakra se bloquee.
Las emociones que lo engloban son la falta de seguridad en uno mismo.

Resentir:
-          Si yo no estoy seguro de mí mismo, me siento inestable, "no tengo los pies sobre la tierra".

La seguridad está relacionada con la autoestima. ¿Cuánto es que me estimo como persona? ¿Qué tanto amor doy? ¿Cuánto amor estoy recibiendo? ¿Estoy conectado con lo que me mantiene con vida? (lo que me mantiene con vida es algo que me apasiona, que me da motivos para vivir y experimentar).

La falta seguridad en uno mismo da desequilibrio emocional, y por ende se está inseguro ante alguna persona o situación.

Resentir:
- Si me encuentro inseguro, no me creo capaz de hacer o decir algo. Entonces prefiero "volar" y no "tener los pies en la tierra".

Con volar nos referimos a estar desconectado de lo que mantiene/sostiene la vida; estar desconectado del origen; desconectado de quien dio la existencia: madre.

<u>**Para limpiarlo:**</u>

En el **CUERPO EMOCIONAL** descubrir las emociones acerca de:
¿Qué es lo que me molesta de mi madre?
¿Qué es lo que me bloquea que no puedo actuar con seguridad?
¿Cuál es el miedo que me hace sentir inseguro?

Si le hacen estas preguntas al cuerpo emocional, el inconsciente irá respondiéndoselas a sí mismo. Y empezaran a tomar conciencia de qué es lo que está sucediendo; cuál/cuáles son las emociones que no dejan avanzar, que mantienen el desequilibrio y el bloqueo.
Solo se responden las preguntas desde lo más profundo del corazón. Solo así el alma se liberará de las cargas emocionales.

*Permitir que las respuestas aparezcan.*

En el **CUERPO ESPIRITUAL** la limpieza es energética. Los chakras son puertas energéticas de diferentes tamaños y vibraciones, cada chakra actúa de una manera determinada, en sentidos determinados, en direcciones acordes a su vibración particular. Cuando estos chakras se bloquean, es porque existen desfasajes en la dirección en que se mueven, en el sentido que vibran, en la frecuencia.
La mayoría de las veces estas puertas energéticas se ven afectadas por energías más densas que tapan parte o la totalidad de la entrada del flujo energético.
Este desbloqueo deben hacerlo personas con sensibilidad espiritual, no necesariamente profesionales, sino seres que su conciencia se haya expandido lo suficiente que de tal manera puedan ver, o percibir el bloqueo energético. Quien pueda ver o

sentir este bloqueo podrá descongestionar el chakra en cuestión.

Para el chakra raíz, a la frecuencia electromagnética que irradia, los ojos la perciben en la gama de los rojos. Es una frecuencia sutil pero densa en comparación a las otras bandas de colores. Debe de ser así, el chakra raíz es el que conecta con la Tierra, con lo sólido, con lo material. La energía que emita este chakra debe poder transformarse fácilmente en energía densa, solida.

El caudal energético depende del grado de conciencia que la persona tiene. A mayor amplitud de conciencia, mayor amplitud y caudal del chakra. Esto hace que se conecten con mayor facilidad a la tierra, pero también que, al ser una puerta más amplia, se ensucie o se atasque con mayor facilidad.

Para hacerlo por sí mismo, el proceso de limpieza comienza detectando el bloqueo energético, ya sea con las manos o con la vista. Una vez detectado se comienza a eliminar esa energía densa. Absorbiendo (con las manos) todo lo que bloque la puerta de entrada de la energía Cósmica.
Se absorbe y se entrega al cosmos para que lo transmute en energía sutil, limpia, pura.

La energía no se destruye, sino que se trasforma. El cosmos puede trasformar todo tipo de energía según la intención que la mente le ponga.
Una vez desbloqueado energéticamente el chakra, este quedara limpio. Paso posterior se debe activar para que el caudal energético que comience a descender sea el adecuado. Con intención de activación, se inunda el chakra con energía Divina, intensionandolo con la banda fotónica del color

rojo. El cosmos, sabrá cuánto flujo enviar. No preocupes por eso.

El chakra ya ha quedado limpio y desbloqueado, con la energía correspondiente, con el flujo correspondiente y con la vibración correspondiente. El cuerpo espiritual esta equilibrado en el chakra raíz.

En el **CUERPO MENTAL**, el chakra raíz tiene una conexión directa con el mundo material, con lo económico, con el poder. Todo desequilibrio mental arraigado a estos temas terrenales produce una desconexión con la Tierra por medio del chakra raíz.

La conexión se corta, el chakra no puede conectarse a la tierra y por ende no puede descargar su energía sobrante.
La mente es uno de los instrumentos más complejos de acomodar. Como vive en el espacio-tiempo, usa el tiempo para aprender y desarrollarse. Sin el tiempo la mente no existe, la mente no entiende. El cuerpo mental es uno de los que más tarda en equilibrarse.

El cuerpo ultimo al equilibrio es el **físico**, ya que debe esperar el cuerpo mental y luego así poder acomodarse.
La mente debe cambiar los patrones de conductas que la sociedad o las experiencias pasadas han puesto como modelo representativo.
Para cambiar los patrones, las creencias, los conceptos, que la mente ha acumulado a lo largo de su existencia, primeramente, es leer ese patrón, ver de qué se trata.
Si no se identifica cuál es el patrón, no se podrá "borrar" para luego "acomodar".
Los patrones asociados con el chakra raíz se identifican con:

¿Cómo veo al dinero?

¿Me creo merecedor de lo material?

¿Cuál es mi opinión o punto de vista acerca de la abundancia?

¿Creo en la prosperidad económica?

¿Cuál es mi opinión acerca del trabajo?

Estas preguntas y preguntas relacionadas darán una respuesta, estas respuestas en su esencia, son los patrones que han formado las creencias, los cuales se han aceptado conciente o inconscientemente.

Ahora es el momento de ponerlos a la vista, identificarlos, volverlos a aceptar, borrarlos y corregirlos de manera tal que el alma y la mente se sientan en armonía, en equilibrio.

Llevemos estas preguntas a ejemplos;

- ¿Cómo veo al dinero? "veo al dinero como un elemento de poder, quien tiene dinero es una persona poderosa, que lo ha ganado con el sacrificio o con la trampa".

Si la respuesta es similar a esta, el patrón será "dinero = sacrificio. Dinero = trampa". Este patrón hará que sin sacrificio no haya dinero, y/o que hay que engañar, o ganar el dinero por medio de lo "incorrecto".

Una vez identificado el patrón, se acepta que se ha vivido y pensado inconscientemente de esta manera, para luego "borrarlo" y modificarlo.

Un patrón de este tipo se puede modificar con "dinero= recompensa. Dinero= abundancia". Este nuevo patrón dice que el dinero llegará a por medio de una recompensa, reconocimiento, por hacer cosas con amor y para el bien de alguien o de algo.

El dinero será abundancia, todo lo que se dé en abundancia y desde el amor, llegará en forma de dinero. Mas se brinde, más dinero llegara. Ese dar está relacionado a la acción, intención, bondad, amabilidad, no a dar dinero para que venga más dinero.

Cambiando de esta manera los patrones, haciendo un trabajo de reconocimiento, entendimiento, aceptación y cambio mental, se equilibrará el chakra raíz desde y en el cuerpo mental.
Es el más complejo, porque por lo general la propia mente no sabe que tiene dentro, no sabe que hay en su inconsciente. Por lo tanto, es un trabajo dedicado, sutil. Pero los resultados serán asombrosos.


### *Chakra umbilical*

Relación con el padre. Con lo masculino externo e interno. La parte masculina. La autoridad. Figura de autoridad en la vida. Quien ayuda a la concepción. Reproducción. Excesos o carencias. Relación con el crecimiento personal.
Las emociones que engloban este chakra se relacionan con problemas con el lado masculino, con el Padre. Con la capacidad de brindar autoridad, firmeza, limitaciones, poner límites a lo que NO se desea.
Relación con el deseo de reproducción.

Resentir:
-    "Sí me reproduzco no seré lo suficientemente bueno como padre".

Problemas sexuales, a raíz que el inconsciente teme reproducirse, procrear.

Resentir:
 - "No quiero que esa persona sea el padre de mis hijos"
 -       "No quiero ser un mal padre para mis hijos".

Emociones de desesperación, frustración, miedo que no dejan avanzar en la vida. Un avance que viene acompañado con crecimiento personal, emocional, profesional, espiritual.

La limpieza del chakra en el **CUERPO ESPIRITUAL** es energética. El flujo energético se bloquea con energías de diferentes densidades. La banda vibratoria del chakra umbilical es el naranja, oro. Este color se relaciona con la segunda etapa del plano físico. Es decir, no se relaciona directamente con lo físico, con lo material, pero sí con lo que hace vivir *en* lo físico. Es la segunda parte de la existencia. Es de estrecha relación con el padre. La madre es la primera causa de la existencia, porque es la creadora en su vientre; el padre es la segunda causa de la existencia porque complementa a la madre. Sin padre no habría creación.
Esta segunda causa, se relaciona con los límites, autoridad, autoestima, valorización de sí mismo. Todo se relaciona con lo no material, con lo no físico. Con la parte que hace estar *en* vida, pero no en el plano físico. Sino en el plano de conciencia de *quien Soy Yo.*

Recordar quién Soy y cómo me Veo a mi mismo es una parte muy importante del propio Ser. Si uno no se ve a sí mismo como realmente Es, se crea una imagen ilusoria, falsa. La cual se acepta como propia, aunque no lo sea.
Y por ende se busca la aprobación de otros para que acepten esa parte que se cree verdadera.

La figura del padre es quien refleja autoridad. La autoridad, es la capacidad de verse a sí mismo. Es ser capaz de *Ser quien Soy*, sin ilusiones. La verdad de uno mismo.

VER-DAD: capacidad de VER quien soy yo.
AUTORIDAD: AUTO yo soy, DAD verdad.

Teniendo estos significados en mente pueden limpiar el chakra relacionado, limpiar el cuerpo mental. Si son capaz de verse a sí mismo en la propia Verdad, en la esencia de la Verdad, en la infinidad del Cosmos y recordar que la Consciencia es tan infinita como el mismísimo Universo. Se atrae la autoridad que la vida necesita para mantenerse vibrando en la luz.

La autoridad, representa limites, elimina limites ilusorios que se han autoimpuesto por el hecho de no recordar *quien Soy*. Y pone estos límites en lugares en donde el alma se siente en paz. Poner límites se relaciona con la acción mental de determinar patrones, leyes, que gobiernen la vida. Estas leyes determinan la vibración. Si las leyes son impuestas por el miedo, la vibración será baja y se atraerán situaciones de baja vibración.
Si las leyes son armadas desde el amor, la frecuencia vibratoria será alta y por ende se atraerán situaciones de amor.

Las leyes o patrones son ilusorios, pero sin ellos la tercera dimensión sería un caos. Todo depende de quien haya creado esas leyes. Si bien en la infinidad del universo no existen, la vida en la Tierra se debe organizar mediante ellas. Tomen conciencia de cuándo se está vibrando en relación con el cosmos y cuándo en la oscuridad.

El chakra umbilical es el encargado de mostrar *quién Soy* en Verdad. En la Verdad universal solo hay Amor, Aceptación, Paz, Dicha, Armonía, Perdón, Plenitud.
Si este chakra está bloqueado, es porque existen patrones impuestos por la oscuridad, que opacan la Verdad, no hay aceptación, aprobación ni reconocimiento de quién se Es.
Estos patrones suelen presentarse por medio de padre. Y todos los patrones que trae con su genealogía y los patrones puestos por la cultura. Todos juntos determinan un modelo que oculta la esencia. En donde los límites impuestos son marcados por la oscuridad, provocando un desequilibrio entre la Paz y la Verdad del alma. Poniendo en autoridad valores que son ilusorios y oprimentes para la propia esencia.

Tomando conciencia de los patrones y de su origen, pueden manifestar las limitaciones, darse cuenta en dónde están y qué los limita.
Al tomar conciencia, la mente comienza a comunicarse con el alma. Comienza el proceso de sanación y limpieza. Este proceso es sutil y minucioso. La mente suele tomarse su tiempo para aprender. Ella necesita entender los procesos, necesita "saber" de dónde vienen y porqué. Una mente que no entiende y que quiere entenderlo todo, es una mente limitada y bloqueada.

Hay procesos donde el entendimiento es en vano, que la magia del universo es infinitamente inexplicable para la mente humana limitada.
Cada chakra representa patrones definidos, limitaciones asociadas con determinadas situaciones que la experiencia, tanto propia como de la sociedad, han impuesto. Si se decide tomar conciencia de cada patrón, en cada chakra, de cada limitación y origen, se pueden modificar e implementar solo

patrones que resuenen en frecuencias elevadas, en armonía y paz.

Si limpian el chakra umbilical en el cuerpo espiritual, como se explicó con el chakra raíz (para todos los chakras se debe usar el mismo procedimiento), limpian el cuerpo emocional y mental de los bloqueos que los patrones les impusieron, así como el cuerpo físico. Si hablamos de él, las manifestaciones que se presentan son enfermedades, dolores o ineficiencias en el sistema reproductor e intestinal, riñones y todo órgano relacionado con retener, con no soltar. Si no se expande la conciencia y se recuerda la Verdad, entonces viejos patrones prevalecerán, vieja información errónea a lo que en Verdad Soy. Todos los órganos relacionados a expulsar del cuerpo físico están involucrados en el correcto funcionamiento del chakra umbilical. Modificados los patrones, el chakra se desbloquea, la mente entiende y el cuerpo físico comienza a funcionar con bienestar y armonía.

### Chakra del Plexo Solar

Es el que los conecta con Dios, con la Fuente. Es el chakra del plexo: Plexo solar. El sol del cuerpo. El núcleo del mundo. El sol de la galaxia. Si miran su cuerpo como un mundo, el plexo es el núcleo. El que contiene toda la esencia, la energía, el que atrae hacia él todo lo que los hace vibrar y estar en sintonía con el resto del universo.
Si miran al cuerpo como una galaxia, este chakra es el sol central, con el cual todo se mueve alrededor de él. Todo gira en su frecuencia y dependiendo de su frecuencia es lo que atrae.

Los relaciona con el Todo, con todo lo que alrededor sucede. Si este chakra está desequilibrado, el entorno estará en esa vibración. Es el chakra de todo lo que rodea la vida y hace que la vida funcione en esta dimensión. Como los planetas que giran alrededor del sol, formando un sistema, una galaxia.

En la vida terrenal, las relaciones y relación con el contexto le dan sentido a la existencia personal.

Si hay desorden externo, es porque en el interior hay caos. Todo lo que en la vida pase, es porque se está atrayendo y eso que se atrae vibra a la misma frecuencia que el chakra del plexo.

Los órganos implicados son en esencia el estómago, el esófago, hígado y páncreas. Órganos que ayudan al proceso de desintegración del alimento. Todo alimento de gran tamaño tardara en deshacerse, en que el cuerpo lo asimile. Esto sucede con la energía de las situaciones y de las relaciones. Todo lo demasiado "grande", denso, pesado, el chakra tardara en procesarlo, en digerirlo, en asimilar las frecuencias y esto hará que se origine un bloqueo, un cambio energético deficiente, una traba energética en la entrada de energía principal.

Si a nivel energético no se asimila una situación, no hay una conexión con ella, no hay aceptación, ni entendimiento y lo único que genera es caos, miedo, incertidumbre, preocupación, entonces el cuerpo físico hablará y lo hará a través de los órganos implicados. Sufriendo dolores, malestar y deficiencia de su funcionamiento.

"No digerir" una situación traerá, en consecuencia, un no digerir alimentos, lo que producirá malestar físico.

Para asimilar y aceptar situaciones es necesario tomar conciencia de la situación: verla en tercera persona, entender todas las partes involucradas y "pensar", sentir ¿Qué es lo peor que puede pasar? Si la respuesta es muy trágica, deben tener en cuenta que todo parte de un Plan Divino, del cual han aceptado ser parte desde el momento que decidieron encarnar y experimentar. Si no se acepta el Plan, no se acepta el origen, la esencia.

- La no aceptación de quién Soy se manifiesta en el plexo solar, saber quién soy y de dónde vengo es lo que me mantiene vibrando en frecuencias sutiles de paz y amor.

- La Verdad de quien Soy atrae Verdad en mi vida.

Si la puerta energética no atrae verdad, la vida será una "mentira", y gobernará el miedo y el caos. Si se descubre *quién Soy*, se descubre la Verdad en la tercera dimensión y esa Verdad es única, llena de paz, armonía, donde el ego, el miedo y la oscuridad no existen.

*Hermanos, ¿¡donde queráis vivid!? Si eligen la paz, vibraran en la luz, si eligen el miedo, vibraran en la oscuridad.*

Cuando el chakra del plexo esta armonizado y equilibrado en su totalidad este hará que los demás chakras se equilibren y que logren armonía para todos los cuerpos. Brindar paz y armonía al plexo en el **CUERPO MENTAL** es una de las tareas más difíciles a la que el ser humano se enfrenta.
Toda la vida, toda la experiencia se basa en relaciones, en la conexión con cosas o personas, todo lo que estas conexiones representen equilibraran o desarmonizaran al plexo y por ende

a todo el cuerpo. Por lo general las situaciones terrenales son las que desequilibran. Si toman conciencia, unen mente y alma en cada situación y aprenden a ver y a sentir con la propia esencia del ser, podrán entender, aceptar y luego modificar las situaciones que los desequilibran y les quitan la paz. Al hacer eso, el plexo se normalizará. Y comenzara a vibrar armónico, atrayendo armonía a todos los cuerpos.


### *Chakra Cardiaco*

Este chakra es el relacionado con el Amor Puro, Divino. Este chakra se conecta con el corazón.

El corazón es el órgano que representa al magnetismo de las fuerzas sutiles. Estas fuerzas magnéticas son las que llaman Amor.

El Amor es una energía que atrae a las energías altamente sutiles. Es la fuerza magnética por excelencia, que une polos opuestos. Como el conocido ejemplo del metal con el imán; el imán es el corazón y el metal son las energías sutiles.

El Amor atrae, une polos opuestos, el amor eleva las vibraciones; el amor se expande si el receptor está dispuesto a recibirlo y se encoje si el receptor no lo quiere aceptar.

La energía de Amor, por naturaleza se expande y es infinita, abarca la infinidad del universo. Es el receptor el que acepta o rechaza esta energía. Observen al receptor como un alma que decide si acepta o no recibir la energía magnética. Por otro lado si el receptor es una situación, esta al no tener conciencia, acepta inevitablemente la energía magnética, ya que es su naturaleza.

Su contra natura es el caos generado y la desarmonía que genera la oscuridad contra su voluntad.

El chakra cardiaco es el encargado de dar y recibir Amor a través de su glándula principal, la gandula timo. Esta glándula es un receptor y dador de la energía magnética, es el imán que atrae al metal, atrae lo denso lo opuesto de manera altamente sutil. Si la glándula no está en condiciones de actuar y de tomar su tarea de "imán" entonces el chakra cardiaco no funcionara eficientemente.

La congestión en los cuerpos se hace notoria.

En el **CUERPO EMOCIONAL** la congestión aparece como rechazo, soledad, tristeza, nostalgia, confusión, dolor, vacío.

En lo **ENERGETICO** el resentir es: "mi 'imán' ha perdido su potencial de magnetismo, y esta débil".

Como un imán que no puede sujetar con eficacia una foto en la nevera. Lo opuesto llega pero no se puede atraer con facilidad y llevar hacia o sutil.

En lo **FISICO** las dolencias y enfermedades se manifiestan en problemas cardiacos, en arterias, en pulmones, venas.

En lo **MENTAL,** los patrones que limitan a la absorción son los patrones de:

"No me acepto como soy"

"Nadie me ama por como soy"

"Tengo miedo a dar amor porque el amor hace sufrir" "Si doy amor saldré lastimado/a"

"Doy todo y no recibo nada bueno"

"Estoy cansado/a de hacer todo por los demás y que me paguen así"

"Estoy solo/a"

"La tristeza ya es parte de mi vida".

El chakra cardiaco es un regulador emocional. Relacionado con las emociones básicas, con cuerpo emocional. Si este chakra esta desequilibrado desestabiliza emocionalmente. Las emociones son caos, no saben lo que sienten, y no pueden gestionar los sentimientos. La entrada de energía magnética está bloqueada y eso hace que, en conjunto con el plexo, el chakra encargado del poder de la atracción, no pueda atraer nada armonioso a la vida. Todo lo que se atrae será caos, desorden, desarmonía, confusión.

El desequilibrio emocional es uno de los más peligrosos. Hace que la mente se centre en esa desarmonía y no pueda ver otra cosa que caos y alboroto interno. Que termina manifestándose en el exterior con problemas terrenales, angustias, tristezas profundas, sensación de perdida y confusión, perdida de rumbo y dirección.

El cardiaco bloqueado hace que la vida no tenga sentido, ya que se involucra demasiado a las emociones en el proceso de evolución. Sí esto sucede, la vida no fluye, se estanca y retrocede en el proceso evolutivo, se queda en las emociones y en las "películas" que la mente se forja. Causando falta de presencia en la tercera dimensión, y solo vivan en las ideas y pensamientos que la mente se crea.

Y estos pensamientos suelen ser perturbadores para el alma, desestabilizantes. Estancan el alma y la vida se convierte en un sin sentido, girando en círculos que no llevan a nada y no logran salir de allí.

La mente crea "películas" ilusorias dentro de ella, acompañada por los sentimientos, haciendo que no puedan ver lo que afuera hay. No pudiendo ver el mundo. Por lo que la vida tratara de despertar, colocando espejos para que reflejen lo que dentro de sí mismo hay. Estos espejos se presentarán como personas o situaciones. Con el fin de mostrar esa película creada en la imaginación. Para descubrir que esa película es una ilusión. Una farsa. Que es todo provocado por las emociones y los pensamientos que rigen estas emociones.

El chakra cardiaco es el motor de las emociones. Es el director de la orquesta de las emociones y sentimientos. Un cardiaco desequilibrado lleva al caos emocional. Si una emoción se manifiesta en el exterior es porque está dentro, en el interior.
Si se cruzan personas que irradian ira, es porque la ira está dentro de uno mismo. Las personas lo único que hacen es manifestarse delante para mostrar lo que deben corregir.
Si se cruza con una persona que solo ve la tristeza, es porque en el interior cargan tristeza.
Las emociones manifestadas en otras personas, son emociones que llevan dentro del corazón. La vida solo las presenta para que puedan tomar conciencia de lo que guardado en el interior hay.
En cambio, si se cruzan con personas alegres, felices, que irradian paz, es porque esas emociones también están en uno mismo. No todo es negativo, sino que también lo lindo que fuera ven es parte de lo que llevan dentro.

Los espejos son para todo. Para lo que se debe modificar, sanar y para lo que se debe potenciar.
Los instantes en donde la vida muestra lo positivo que hay dentro, son instantes sagrados que se pueden tomar como señales de que: "voy por buen camino".
Si personas amable se proyecta, es porque hay amabilidad en el propio interior. Y esos son mensajes en donde la vida demuestra que hay amor en el Ser.

*"Y si llevo amor y me doy amor, es porque en mi interior hay luz y paz"*

El chakra Cardiaco es el que refleja todas estas situaciones en donde las emociones y sentimientos son protagonistas. Cuando se reconoce la emoción que predomina ante una situación, se da la posibilidad de entender, aceptar, modificar o bendecir dicha situación. Y eso hará vibrar alto, elevar la conciencia y conectar con el proceso de evolución.

El **CUERPO EMOCIONAL** es uno de los más complejos de sanar. Lo complejo es descifrar la emoción y sentimiento que produce una situación o relación para luego sanar. Tomar conciencia de qué emoción domina es lo más difícil con que se enfrenta el ser humano. Una vez descubierta la emoción, todo queda en manos del cuerpo mental, el cual logra entender qué es lo que pasa, para luego aceptarlo y modificarlo. La mente no pude entender nada si primeramente no se descubre cuál es la emoción que invade el cuerpo emocional.

Es imprescindible conocer la emoción para desbloquear el chakra cardiaco. Y para que este funcione con normalidad, amplitud, conciencia, coherencia y en armonía.


### *Chakra Laríngeo*

El quinto chakra, el laríngeo, garganta. O el de la comunicación. Es el canal por el cual se expresan todas las emociones y todo lo que se atrae. Es el que termina el proceso de experiencia junto con el plexo y el cardiaco.

El plexo atraerá todas las situaciones, el cardiaco le pondrá la emoción y sentimiento, y el laríngeo se encargará de comunicar al exterior lo que sintió y lo que vivió a través de esa situación. Es uno de los chakras que más se bloquea, que más se ensucia con energía enferma, no tan densa como los otros, pero sí con energía de baja vibración que penetra fácilmente a  las glándulas, lo cual produce muy rápidamente enfermedades en el cuerpo físico.

Las mentes de las personas no suelen comunicar con facilidad sus sentimientos, ni la verdad de lo que realmente les sucede en su interior. Hay momentos en que ni la mente sabe qué es lo que siente y más difícil será expresarlo.

Cuando un laríngeo se bloquea se está bloqueando la libertad del Ser. *No eres realmente lo que Eres*, y al no tener esa libertad el sentir de prisión aparece.

Te sientes ahogado estando con personas o en situaciones y extraño en ti mismo en la soledad.

Eso es la completa falta de libertad. La libertad es el poder ser del Ser. Si no Soy Yo el que Soy, entonces no seré libre.

Un ser libre no es el que deambula, divaga, sin rumbo. No hablamos de libertinaje, sino de la libertad de expresión de lo que verdaderamente es el alma, la esencia, el espíritu.

Expresar lo que el alma *Es*. Expresar desde el Ser. No desde la mente.

Cuando se expresa desde la mente el ego[*] es el que habla, y solo dirá lo que le conviene decir. Solo dirá lo que es bueno para él. Y de la forma que él ve las cosas. Mezclando sentimientos, emociones y raciocinio a la expresión, al mensaje.

Cuando se expresan desde el ego, no están siendo libres, no están dando ni dejando todo. Porque el ego solo actúa en defensa propia, solo actúa para su beneficio. Cuando se descubre lo que el alma quiere decir, quiere comunicar, se comienza a liberar las ataduras que el ego tapa.

Las que quiere ocultar porque lo debilitarían o porque perdería la "batalla". Un ego que pierde es una emoción que sale y predomina el Ser.

---

[*]Entidad sujeta a un cuerpo, que se identifica con el cuerpo y con la información mental.

Emociones como frustración, enojo, pérdida de identidad, dolor, desanimo, son algunas de las que no dejan Ser, esas son las que tapan lo que verdaderamente se *es*. Pero por sobre todo, la emoción que tapa es el MIEDO. Este miedo atrae a las demás emociones, porque el miedo es la principal cárcel del alma.

¿De dónde viene el miedo? ¿Hace cuánto que lo traigo conmigo? ¿Miedo a qué? ¿Qué lo provoca? ¿Me pertenece realmente, o lo estoy cargando como propio?
Si no descubren el miedo que tapa, no se pueden liberar. El ego ganara la batalla y un ego que gana es un alma que "pierde". Un alma que sigue tapada por el polvo que las emociones dejan.

Si *gritan* esas emociones y el miedo, eso que jamás se dijo, podrán activar el centro vibratorio número cinco: El chakra laríngeo. Y este expulsará todo el polvo que tiene guardado. Para expulsar es necesario ser conciente de que las emociones están ahí.
Ser conciente es que alma y mente "se pongan de acuerdo". Deben de ponerse de acuerdo con qué emoción quieren sacar a la luz y liberarla.
El ego-mente debe ceder y darle lugar al alma para que hable. Si el ego es demasiado fuerte el trabajo que se realizará será demasiado fuerte. No importa que tan fuerte sea o que tan oculta este la emoción, si se decide hacerlo, ser libre y Ser, no quedara más que el universo conspire y que suceda lo que deba suceder.

Eso sí, se debe estar atento a las señales, preparado y dispuesto a seguir su guía. ¡Un universo que guía es una vida sincronizada llena de Luz y de Amor!

Una experiencia placentera. Y todo lo que llegue será gratificante, gozoso y armonioso.

Permitan que el universo guie sus pasos. Para esto "grita lo que callas"

Deja que tu alma hable.

Se libre.


### *Chakra Tercer Ojo*

Hasta aquí hemos recorrido cinco de los Principales chakras. Los cuales están relacionados a situaciones, emociones, relaciones. Todo repercute en sus cuerpos.

Hay chakras a limpiar y ser conciente de cuerpo por cuerpo, hay otros que simplemente se deben liberar las cargas más pesadas para que el resto desaparezca por sí mismo.

El siguiente chakra se despierta cuando los anteriores están activos. Cuando el alma ya ha hablado lo suficiente, ya ha sanado lo suficiente, ya ha limpiado los cuerpos y ha aceptado más de un patrón limitante. Ahí en ese límite entre lo justo y lo suficiente, el sexto chakra se despierta y comienza a tomar protagonismo.

El chakra del tercer ojo, el chakra que todo lo Ve*, el chakra que Ve almas, Ve la energía Divina, Ve lo que no ven con ojos físicos. Este chakra es el más importante porque es el que los conecta con la Divinidad, es el que *recuerda y les muestra*.

Es el que intuye emociones, es el que Ve el alma sucia, herida de otros seres. Con él pueden ayudar, despertar almas, mostrar lo que otros no ven con sus ojos físicos, mostrar la Verdad del Ser, para Ser.

*Con mayúscula. Proviene de la Visión del alma.

Este chakra esta activo desde que nacen en tercera dimensión, está limpio y vibrando en la frecuencia optima. Con el fin de que el alma no se olvide lo que vino a hacer en esta experiencia, en esta nueva etapa de aprendizaje, en esta nueva vida.

Nace un Ser y el tercer ojo esta activo, no son concientes de eso, porque eso es Natural, es Divino. Esta activo como un recordador, donde todo está registrado. Donde todo lo que deben hacer: las tareas, los propósitos y los objetivos de vida, no se olviden ¡Todo está ahí, en este chakra!
Con este chakra activo Ven lo que realmente son, la Verdad, la realidad infinita, lo invisible, Ven al Todo como Uno.

A medida que crecen este centro energético se va deteriorando, su energía comienza a descender, las *notas registradas* comienzan a borronearse, ya no les es tan fácil leer lo que ahí dice que deben hacer. Ya no es tan fácil Ver lo que realmente son, de dónde vienen y hacia dónde van. El chakra comienza a ensuciarse. A bloquearse.

¿Porqué? Porque los otros chakras son más y son más densos, pesan más y hablan en voz más fuerte. Comienzan a gritar los patrones limitantes mentales y emocionales que tienen dentro entonces el tercer ojo calla. Simplemente calla para escuchar y esperar que llegue su turno para hablar. Este turno no llega, o tarda mucho en llegar, porque mientas tanto se ha ensuciado y opacado con los residuos (la basura energética que los otros chakras han liberado)
A esto interno se suma lo externo: otras almas, ya desmemoriadas, empiezan a decir qué deben hacer, lo que está

bien y lo que no. Hacia donde ir y hacia donde no. Los patrones comienzan a adquirirse y a heredarse, para que estos no sen olvidados; además de crear otros nuevos, dependiendo de la "moda de turno", de la cultura, la época y la sociedad.

Por estas causas el ajna se ensucia. Y dejan de Ver lo que son. Las notas de recordatorio son muy borrosas y si algo se ve, no lo entienden porque no es su idioma. Se olvidan de qué hacen en esta vida, quiénes son; no Ven la Verdad. Solo ven lo que quieren que vean.

Esto es hasta los 13 años de vida. Luego de los 13 la realidad la comienzan a inventar por ustedes mismos. Ya no están atados sus padres, a partir de cumplir con este ciclo, los lazos se cortan y comienzan a ser seres independientes que deberían de empezar a cumplir con sus tareas de alma, ¡pero no! Porque no las recuerdan. No saben qué hacer. Entonces comienzan a *inventar*.

Comienzan a crear ilusiones falsas en base a lo que aprendieron de sus padres, de la sociedad de turno, del entorno, del resto de la familia. Y sumado a eso todo lo que los otros chakras dicen que recuerdan. Porque ellos sí recuerdan los patrones que tienen grabados. Y ellos sí han sido escuchados.

Y ahora ¿cómo parar esto? Frenen la mente, tomen conciencia, que el alma y la mente se comuniquen en un mismo idioma. Relajen la existencia y expandan la Visión; solo así podrán recordar. Apóyense en maestros que los guíen a recordar. Tomen a cada Ser, a cada persona que se cruce en sus vidas, como maestros, como mensajeros que tienen algo para decirles, para ayudarlos a recordar lo que son y lo que vienen a hacer.

Pidan recordar y los mensajes aparecerán.

Presten atención a cada palabra, gesto, acción, sentimiento o emoción que el otro trasmite.

¿Qué veo en el otro? Miren con los ojos del alma. Miren a los ojos y busquen las respuestas.

Los mensajes serán sutiles, discretos, para descifrar, pero serán respuestas a sus preguntas. Presten atención, liberen el alma, acepten los mensajes y los mensajeros, y ellos aparecerían, se harán presentes.

El sexto chakra es el que percibe las dimensiones paralelas, es el que Ve más allá de lo físico.

Las dimensiones son invisibles para la mayoría pero no para los que activaron su tercer ojo.

Allí las formas oscuras del alma se presentan, así como la Luz que toma forma de Seres, ángeles, Maestros, Guías. Son energías rodantes nacientes de varios orígenes. Todo es energía, todo vibra a diferentes frecuencias. Todo nace de un mismo lugar, de la Fuente, de Dios, del Universo. Todo nace y toma su forma. Todos somos de lo mismo. Todos y Todo viene de un mismo lugar, vuestras bases son de un mismo lugar. No hay diferencias de los unos y los otros.

Las diferencias se hacen presentes cuando utilizan el don de discernir. Todo ha elegido ser lo que Es hoy.

Cuando se decide qué ser, se nace con un propósito. Con una misión. Todo absolutamente todo existe por un propósito. Las personas, los animales, las plantas, las cosas, lo bueno, lo malo. Lo denso, lo oscuro, la luz, los seres de luz, los ángeles, las entidades, y yo Ser Pleyadiano. Cuando se decide se elige la amplitud de conciencia que se tendrá.

La conciencia es la expansión infinita del macrocosmos que se puede llevar a varios niveles y formas. Es el mismísimo universo contraído o expandido. El tamaño de la conciencia es lo que nos define.

Las cosas densas de la tercera dimensión tienen conciencia. Si tenemos que hablar de grados de conciencia podemos ejemplificar con -10 para lo oscuro, 0 para lo sólido, 10 para lo Divino. Cada cual decide dónde experimentar y todos y todo tiene una misión.

Esa misión la pueden Ver y percibir con el sexto chakra.

Es muy importante encontrarle el propósito al todo. Cuando uno ha decidido experimentar con conciencia elevada. Un humano ronda de grado 3 a 7, si seguimos con el ejemplo numérico. Cuando eligen una conciencia de grado 7, el ajna está activado, pues están a solo un grado de tener una conciencia Divina. Como la conciencia de los ángeles o seres de luz (8). Un ajna activado percibe y Ve el para qué de las cosas, el para qué de las relaciones, de las situaciones, de los acontecimientos, el para qué del todo. Un ajna activado ayuda a ver todos los grados de conciencia y entenderlos, aceptarlos y aprender a elegir siempre el más alto. El más alto porque es el más cercano a la Fuente, a la Creación, al Origen. Su origen es infinito al igual que la conciencia, hagan que la conciencia se expanda al infinito.

Experimentaran el gozo de volver al origen, al inicio.


Al entender cada punto energético, entienden que son puntos de conciencia. Puntos en donde las entradas de energías se hacen presentes. Puntos en los cuales las emociones prevalecen y se alimentan, puntos en donde los patrones impuestos yacen. Estos puntos, chakras, deben estar alineados, limpios, activados, si ellos se desequilibran, las emociones estarán desequilibradas y darán lugar a los pensamientos limitantes.

Si estos se desequilibran, los cuerpos energéticos lo estarán también.

Es tan importante la armonización de un chakra como lo es la respiración, como el alimentar el cuerpo físico, como beber agua.

Los chakras son los campos magnéticos que unen al Todo. Ellos forman un holograma, perfecto y único. Los chakras son las vías de comunicación con el universo, los canales directos con la Fuente, con el Origen.


### *Chakra Corona*

Como ultimo chakra de los principales. El chakra corona es la conexión con la Divinidad. Es el lazo que los conecta con el cielo y les recuerda que son parte de Él.

Este chakra suele bloquearse cuando la energía está muy enfocada en lo terrenal. En la supervivencia.

Es un chakra que jamás está bloqueado por completo porque es el "cable" que los conecta con la Divinidad y los hace pertenecientes del Universo. Es el lazo por el cual se alimenta el alma.

Los bloqueos pueden verse como suciedad en el canal. La limpieza es con la intención y canalización, en este caso de energía limpia pura, blanca brillante.

Cuando este chakra no funciona correctamente, el estrés, el cansancio físico, la presión en la cabeza, son algunos de los síntomas que indican el bloqueo. Ya que el chakra está avisando que están muy enfocados en cosas mundanas terrenales y no están siendo concientes del alma. La esencia de la Verdad no la toman en cuenta y caen en la trampa de la ilusión controlada por el ego.

Desde el cuerpo mental, se ve como una ampliación de la conciencia, en donde el canal (chakra) se amplía, haciendo que el caudal de Luz que desciende sea mayor.

Para la ampliación de conciencia se requiere comenzar a descubrir al alma. Un proceso de reconocimiento. De auto indagación profunda e interna. Comenzar a sanar toda aquella suciedad que no permita una conexión completa con la Divinidad.

La búsqueda de la verdad interna, ir hacia dentro. Con herramientas como la meditación, el auto análisis, ejercicios de sanación inconscientes, entre otros.

"Ir hacia dentro" es el mensaje de este chakra.

La limpieza emocional se produce cuando se encuentra la paz al reconocer la Verdad.

La limpieza física se produce por añadidura de lo mental y emocional.

Habla Ra:

Nosotros los Pleyadianos, podemos hacer que sus campos magnéticos estén en equilibrio cósmico. Solo basta con pedirlo. Si piden, nosotros acudiremos en la ayuda. Nuestro poder es infinito, como el de ustedes, con la diferencia que ustedes no saben aun cómo utilizarlo. No pueden ver en el más allá de lo que ven sus ojos físicos, y eso hace que no puedan ver los canales energéticos tal como se presentan, no pueden ver la suciedad, las emociones que los bloquean ni los pensamientos limitantes. Nosotros sí podemos Ver. Por eso podemos ayudarlos y limpiar toda la comunicación con el Cosmos.

Si ustedes activan el Ajna y Ven más allá de lo que la visión física les permite, podrán Ver todo esto, limpiar y desbloquear por ustedes mismos sus propios canales y los canales de cualquier Ser que lo requiera. Pero para esto deben estar activos, despiertos, vivir, experimentar y comenzar a sanar pidiendo ayuda. Quien es humilde y se deja ayudar, aprenderá a ayudar a otros.

# El Despertad de Cristo en Mí
## Capítulo 4

## *Trampa: la ilusión*
## *Herramienta: el despertad de la energía cósmica.*

Esta es la trampa que los mantiene "vivos", esta es la trampa que les permite experimentar y aprender. ¿Qué es lo que están aprendiendo? Aprendiendo a conocerse a ustedes mismos. A conocer el lado más oscuro para descubrir todo lo que son.

Sin esta parte de la existencia, no podrán conocer quién en verdad son en su totalidad. Y si no se conocen por completo no podrán regresar a casa.

La trampa aparece cuando creen que esta "vida" que están experimentando en este tiempo es su única verdad. En ese instante es cuando la trampa comienza a ser verdad y comienzan a olvidar lo que son.
Si olvidan esto, están ilusionados con que lo que ven es lo único que existe.
La ilusión es la creencia impuesta de creer que son seres limitados. Estar ilusionados es estar limitados a que suceda solo la lógica impuesta por la mente dual. Es decir, por la mente que cree que solo existe eso que está viendo.
Al no poder ver más allá, no creen en que son parte infinita y por ende ilimitada del mismísimo cosmos. El cosmos está dentro de ustedes. Solo tienen que poner conciencia en despertarlo. Despertarlo con sutileza Divina.

Un despertar de esa energía, la cual se encuentra dentro del cuerpo físico, es el despertar más sutil, infinito e inigualable que existe sobre la experiencia de la tierra. Allí es donde las

fuerzas terrestres se unen directamente con las fuerzas Divinas dentro de uno. Experimentando la inmensidad del infinito dentro y fuera del cuerpo físico.
Este despertar es el más grandioso que pueden experimentar. Para eso, deben salir de la trampa de la ilusión y conocer sus ilimitados e infinitos dones.

Los dones son las energías que el cosmos brinda como herramienta para experimentar en la tercera dimensión. Cuando han decidido experimentar, no han venido solos y desamparados, sino que les han dado todas las herramientas necesarias para atravesar esta aventura de la manera más placida y pacífica. El único inconveniente es que han olvidado todas las herramientas que han traído. Y es aquí cuando creen que están solos, separados de la infinidad del universo.
Si recuerdan estas herramientas, dones, podrán salir de la ilusión en que fueron inmersos y despertar la energía cósmica.
***Los dones a recordad son: la visión akashíca. El poder de la materialización. La unificación de los polos. La perfección divina. La conexión con el Yo Superior.***

El don de la visión akashíca: en este don es cuando el sexto chakra esta expandido, limpio y desbloqueado. Activado en su potencialidad crística.
Recordemos que cristo es el mismísimo universo echo carne. Eso Son. Universo materializado. Son tan perfectos como él, tan infinitos y majestuosos como él.

Cuando activan el don crístico del Akash están activando una parte del universo que se conecta directamente con la energía divina de los registros. De los archivos universales que perduran energéticamente y se mantienen unidos al Todo. Y allí están para utilizarlos como herramientas para la evolución del alma. Entendiendo, aceptando y reprogramando la mente logran la completa conexión con esta energía sutil del universo. Energía de la que han sido parte, de la que son y serán.

Cuando logran conectarse con el Akash, lo hacen mediante la visión, ven lo que fueron, de dónde vienen, hacia dónde van y entienden lo que realmente son, con el simple hecho de Ver, ver con los ojos del alma.

La visión akashíca es Ver lo que tienen dentro. Dentro está el universo. Ustedes son universos y como es adentro es afuera. Todo lo que guardan en sus memorias ancestrales, es decir en el Akash, esas porciones de materia que han sido son ahora parte del Todo. El Todo está dentro. Cuando se conocen, cuando logran mirar hacia el interior y entender de dónde vienen, de qué están hechos y hacia dónde van, cuando entienden eso aceptan, comienzan a conocerse, experimentarse y amarse.

Si no logran Ver lo que en el interior hay, no podrán ver la inmensidad y el poder majestuoso de todo lo que los rodea.

Verse, es expandir la conciencia hasta el infinito y el Todo, entendiendo que son parte.

Esta visión les ayuda a sanar. Cuando logran entender, aceptar, para luego transformarse y evolucionar, es decir, expandirse, podrán ayudarse a sí mismos, guiar a otros y ayudar a la tierra y por ende al universo.

Dentro vuestro esta todo el universo, solo hay que mirar con los ojos del alma.

Cuando se conozcan por dentro sanaran a ustedes mismos y al mundo.

Sanar es aprender. Aprender de las experiencias que pactaron ser partícipes, ya sean protagonista principal o secundario. Pero participe de cada momento y de cada relación. Al aprender del pasado, podrán trasformar historias futuras.

Esa trasformación es el verdadero aprendizaje es la verdadera sanación.

*"Veo, busco, lo que hay en mi interior"*

Es decir, ver con los ojos del alma que hay dentro, de qué se está hecho.

Buscar en el Akash la información necesaria para determinada situación.

Tomar la información, es decir las herramientas que se han utilizado en momentos anteriores para la misma situación, que ahora se repite. Si la herramienta se considera positiva y de trasformación, se vuelve a utilizar. Si en cambio la herramienta en el pasado ha generado caos, confusión, sufrimiento, tomen una herramienta opuesta.

Situaciones similares, herramientas de solución opuestas.

Esto lleva a entender que: *en un pasado lo he hecho "mal" y que ahora cambiaré la historia, la trasformaré en un futuro que traiga paz y se sienta a gusto.*

Eso es sanar, eso es aprender, para esto elige despertar el don de la visión akashíca. Para simplemente recordar y así sanar.

<u>El don del poder de la materialización:</u> llamamos materialización a toda realización física o accionar que

se ocasione a través de un pensamiento. Los pensamientos son energías sutiles que viajan por el cosmos, generando caos u orden. Todos los pensamientos por más mínimos que sean, o poco poderosos, todos tienen el poder de ordenar o desordenar el flujo energético del universo.

A través de la historia los pensamientos han tendido al caos. La acumulación colectiva de estos genero guerras, muertes, catástrofes a niveles físicos. Así como los pensamientos se acumulan para la sociedad colectiva, cada pensamiento que se genera en uno y hacia uno o hacia un hermano, se acumula, toma poder y se materializa de alguna manera, ya sea física, o emocional.
El poder de la materialización se basa en acumular la mayor cantidad de pensamientos de orden. Pensamientos de paz, de amor. Pensamientos que intencionen un bien para el común y para uno mismo.
Las intenciones de los pensamientos son las que le dan el poder, para que luego se conviertan en realidad.
No es el mensaje que envían, sino la intención oculta detrás de ese mensaje. Esa intención es poder, es una fuerza Divina que comienza a clasificase: intención a daño, intención a sanación.
Cada mensaje que envían tiene indiscutiblemente uno u otro poder, el de dañar o el de sanar.

Estén muy concientes de cuál es el mensaje que envían y cuál es la intención oculta, para reconocer por cuál camino los llevará esa intención.

Ese camino se materializará, ese camino se mostrará físicamente. Ese camino se presentará.

La intención tiene ese poder, de presentarse frente a vosotros mismos. Cuando conozcan la intención, la materialización será con un simple chasqueo de dedos. Solamente sean concientes a la intención.

Tengan cuidado de la intención de daño. Esta se materializará sin importar a quien dañe. Todo pensamiento es energía, la energía viaja a través de los planos Superiores, atraviesa el plano tridimensional, llega a los planos celestiales, luego continua por los planos de luz, donde seres dimensionales habitan, como nosotros los Pleyadianos. Continua el ciclo, llega al plano dimensional superior en donde el Padre se encuentra. Y con lo que resta de su fuerza llega al infinitésimo Cosmos. Una vez allí, comienza su proceso de trasformación, se crea la energía intencionada, esa energía luego se materializará.

Cada pensamiento hace ese recorrido. Mas pensamientos con la misma intención llegan al fin del recorrido con más fuerzas, pensamientos más débiles, suelen quedar a mitad de recorrido. No importa cuál sea el fin del recorrido, cada energía de pensamiento modifica de alguna manera los planos que atraviesa. Generando caos, que cada habitante de cada plano debe acomodar.

A mayor intención, mayor será la fuerza, mayores son las posibilidades de materialización.

Para activar el don intencionen los pensamientos, como seres de pureza, solo los pensamientos positivos. Y llévenlos con la imaginación hacia la infinidad universal, para que allí se comiencen a expandir, a tomar forma. Para que desciendan, cargados de energía Divina, Luz, Amor, esos pensamientos que intencionaron para que sucedan.

El tiempo en las dimensiones no existe, solo existe en la tercera, donde creen que, sí un pensamiento resulta imposible de concretarse en la inmediatez estarán enviando otro pensamiento que atrasa al primero. Haciendo que el pensamiento de "es muy grande tardará mucho en llegar", bloquee al pensamiento inicial de deseo.

Por ejemplo "quiero mi casa propia", es un pensamiento de deseo positivo hacia la vida terrenal. A partir que lanzan con intención de fuerza ese pensamiento al universo, no deben pensar más nada relacionado a tener una casa propia. Solo es esperar que se cumpla el ciclo.

Sin embargo, suelen caer en el error de adicionar pensamientos como: "No tengo dinero ¿Cómo la compraré?", o "Quiero que sea en tal lugar…" "Mejor en tal otro" … "Quiero que sea chiquita, o mejor que sea cómoda y amplia", etc.
Estos pensamientos que provienen del ego hacen que la duda se interponga y en vez de dejar fluir la idea principal, lo que hacen es hacerla densa, provocando que este deseo pierda la fuerza y no llegue al plano infinitésimo donde *debería* llegar para comenzar la materialización.

Las diferentes formas de materialización son tan infinitas que no cabrían en su pequeña mente racional. No preocupéis por cómo pasará, cómo se materializará, cómo llegará la casa, o lo que sea que pidan.
Solo confíen en el universo; confiar que la expansión que hará con el pensamiento será la mejor y la más acorde para todos los implicados y para la propia evolución.
Otra clave a tomar conciencia es la manera de pedir, la manera de pensar. Los pensamientos deben ser claros, concisos, y no

debe haber dudar de cómo decirlo, ni de lo que se quiere. Si hay duda, el pedido pesara y los pensamientos no fluirán.

Maneras simples y claras de pensar son:

-	Siempre en positivo, poner un NO en el pensamiento desvirtúa la intención y el mensaje.

-	Las palabras deben tener poder, pocas palabras y concisas. Por ejemplo "Quiero un sueldo de $X"; "Mi cuerpo está sano"; "Mi pareja me ama y yo lo amo"; "Mis hijos son educados"; "Quiero un auto modelo tal".

-	Pensar y dejar ir. No volver al pensamiento y dudar de sí se pidió bien, o de cómo pasara. Pensar y soltar.

-	Esperar con fe, confianza y amor a que llegue.

-	De la manera que llegue será la mejor para la vida y la evolución.

-	Una vez materializado agradecer.


El próximo don: <u>la Unificación de los    polos</u>, se hace referencia puramente a la Unicidad. A que no existe la separación, no existe el frio y calor, lo bueno y lo malo, lo feliz y lo triste, el blanco y el negro. Todo es parte de lo mismo. Todo lo que vean a su alrededor con los ojos físicos, todo lo que vean con los ojos del alma y las cosas que no ven pero que existen en energía pura y sutil, todo forma el Todo. Todo proviene del Todo; todo junto se convierte en Nada, y la Nada forma al Todo. Este juego de palabras es fácil de comprender cuando entienden que no están separados, y que un hermano, una casa, una mascota, un enemigo, un vecino, un auto, un lugar, son parte de uno, de la esencia y uno parte de ellos.

Todo está *hecho* de lo mismo y solo la proyección holográfica dual es la que los hace sentirse diferentes.

Unir las polaridades, unir lo que creen opuesto y separado, porque: *"yo soy Uno con el Todo y el Todo es Uno conmigo"*.

No hay nada fuera que no sea la misma esencia. Es decir, todo lo que esta fuera es el reflejo de lo que hay dentro; un reflejo de la esencia que refleja lo que *Es*.

Cuando sean concientes de que todo lo que los rodea, lo que les gusta y lo que no, es parte de ustedes; y que todo está ahí para mostrar algo que debe corregir, modificar, transformar o expandir; cuando se toma conciencia de esto, la separación deja de existir. Y la Unicidad se hace Presente. Esa Unicidad trae paz, dicha y sanación.
Así el alma encuentra su camino y la felicidad. La felicidad pura y Real.

Ver al mundo con los ojos del alma es ver común- unión entre vuestros hermanos. Ver sufrir a alguien es sufrir vosotros, ver feliz a alguien es sentir felicidad. Cada vez que una parte del mundo es destruida, una parte de vosotros se destruye. Se destruyen a ustedes mismos, se dañan los unos a los otros. Creyendo que están separados y que nada los afecta.

Esa creencia limita, lleva al borde del abismo, y allí no hay escapatoria. Un alma ahí es un alma que no conoce su expansión, su infinitud. Salten ese abismo, crucen el límite impuesto y trasciendan. Dar ese salto cuántico que el alma espera para su Evolución. Ver más allá de lo que los ojos físicos muestran. Ver el alma del hermano, Ver la esencia de las cosas, esa esencia es la misma en todos. Vienen del mismo lugar y volverán hacia él cuando logren pasar los límites que creen tener.

Ver unión, Ver Unicidad, es Ver el Todo en sí mismo. Es sentirse parte del Todo, parte del universo.
*Eres la porción de materia que une lo material con lo Divino. Eres parte del Cosmos, una parte necesaria para la completa evolución y trascendencia cósmica. Cuando sientas la Unidad, donde no hay polaridades, solo en ese instante se trascenderá. Trascender es saltar ese abismo, soltar, despojarse, liberarse, evolucionar, Ser. Iluminarse.*

<u>La Perfección Divina</u>: al trascender y darse cuenta de que son Uno con el Todo. La esencia Divina se despierta y comienza a tomar mayor protagonismo en la vida.
Aprender a vivir en la Unicidad, a la integración de las polaridades, lleva a un estado de Perfección Universal. O también dicho, un Estado de Presencia.

Lo perfecto es todo aquello que acepta, comprende, fluye, libera y trasciende. Algo perfecto es algo a lo que damos vuestro amor. El amor es simplemente la aceptación de la totalidad de lo que ven y perciben.
Cuando experimentan Perfección, no hay nada que no entiendan; no hay nada que no acepten; no hay nada por lo cual se sientan separados del Todo.
*Todo es Uno y yo soy parte del Todo. Todo es Perfecto tal y como es.*
La Perfección existe para los ojos del alma, para la realización del Ser.

Vivir en Perfección es unir la vida terrenal con el Amor Universal. Aceptar y trascender.
Aceptar y trascender, amar y evolucionar.

Experimentar Perfección, es experimentar la totalidad, sin necesitar nada.
El Todo existe únicamente en la Nada.
Cuando están experimentando el Todo es cuando no necesitan nada. Solo allí, en la nada, percibirán el Todo.

No necesitar en la experiencia terrenal, es entender que todo lo que necesitan no está allí fuera, sino que uno mismo tiene el poder de encontrar eso que busca, dentro.
Buscar fuera les dejara carencias y vacío, porque nada ni nadie tiene el poder de completarlos, sino que cada uno tiene lo que necesita dentro, permítanse descubrirlo en su interior.
Las necesidades internas provocan pedidos externos solo para satisfacer el vacío existencial.
Pregúntense a sí mismos:
¿Con qué fin pido bienes materiales?
¿Realmente necesito eso que estoy pidiendo?
¿O solo es por carencia de un bien no físico?

Por ejemplo, necesitar comida deviene de dos polos, el biológico, del tiempo y el espacio donde necesitan alimentar el cuerpo vehículo. Y el opuesto que es donde necesitan comer para llenar un vacío de, por ejemplo, amor.

*¿En cuál de los dos polos me encuentro cuando "me da hambre"?*

Identificar de dónde proviene la necesidad es el primer paso para entenderla y complacerla.
La necesidad no existe en la Perfección. Esas son cosas del ego. Que los distrae para que dejen de experimentar paz y comiencen a preocuparse por la supervivencia, es decir por lo que no tienen.

Unas de las cosas más terrenales es la de necesitar dinero. El dinero como todo, es energía; es una fuente de energía que el humano le dio valor y eso conllevo al poder y la destrucción. Todo se destruye a causa del dinero (creen).

Como las polaridades se hacen presentes, si hay algo que destruye hay algo que construye. Construir con el dinero y desterrar la necesidad de tenerlo, es un derecho Divino que todos los seres humanos lo tienen, desde el más pobre al más rico del mundo.

Manejar la energía del dinero es sencillo aunque no todos saben cómo hacerlo. La necesidad de dinero no existe. Solo existe la carencia de estima.

Resentir:

-       "Si no me estimo a mí mismo, no tendré suficiente dinero como para que mi mente piense que necesito"

Elevar los niveles de estima, es decir de aceptación y de amor propio, eleva los niveles de dinero. La entrada de dinero se relaciona directamente y de forma proporcional a la estima. Si se presenta la baja estima, bajara, automáticamente, la entrada de dinero.

Entiendan que ustedes mismos son los que provocan la escasez o la abundancia en sus vidas. Según el grado de aceptación que exista hacia el propio Ser, será el flujo de dinero que les ingrese.

Este ejemplo pueden proyectarlo tanto en el dinero como en diversas situaciones. La necesidad no existe, es la ilusión que creo la mente para mantenerlos alejados de lo que son y de lo que vienen a hacer como seres de Luz. La mente los mantiene distraídos, dormidos, no quiere que se den cuenta de la Verdad, a ella no le conviene, porque entenderían que ella no existe tal como la conciben.

Reconocer que todo lo que la mente muestra es una percepción errónea "mataría" el modelo mental humano y todo lo que se conoce dejaría de existir. Solo quedaría la Verdad: que la mente se creó como un sistema conciente que permite el reconocimiento y que todo es Uno con el Todo, Perfectos, hechos a imagen y semejanza del Creador Universal.

Cuando logren entender desde el corazón, no desde la razón, que la necesidad de algo no existe en absoluto, entenderán la Perfección Divina, la sentirán y se regocijaran en ella. Como en el inicio de los tiempos de vuestra existencia, como Seres de Luz, Infinitos y Puros.

Llegar al estado de Perfección es mirar a su alrededor, y preguntarse... ¿Necesito esto? ¿Realmente lo necesito para evolucionar o solo me distrae?... lo único que "necesitan" para evolucionar es la propia conciencia. Trabajen para que ella se expanda y comprenda la infinidad que son.

Ese necesitar lo traducimos a experimentar.

- *"No necesito, simplemente quiero experimentar y lo elijo, porque comprendo que soy Uno con el Todo y quiero volver de donde provengo, para ser nuevamente luz pura sin oscuridad".*

Entonces se decide ser una persona que observa lo que la rodea, con el simple hecho de descubrir para qué tiene lo que tiene, para qué hace lo que hace y para qué siente lo que siente. Desean experimentar y expandir la conciencia porque para eso están aquí en la tierra. Esa es vuestra tarea. Conocer esa parte oscura de la luz que habita en ustedes, para entender la Totalidad.

La Nada se conoce y se entiende desde el Todo. Sin Todo no hay Nada, sin luz no hay oscuridad.

Están aquí, en la tierra, porque ha decidido conocer la oscuridad y así vibrar en la luz infinita. *Cuando me conozco, crezco, transciendo, me expando.* El universo quiere expandirse y evolucionar, para eso necesita conocer su lado oscuro. Y aquí están queridos hermanos, descubriendo Vuestra oscuridad para ayudar al universo a trascender.

El <u>don de conectar con el Yo Superior</u> es conectarse con esa parte de Vuestra esencia que no "entro" a la tierra para experimentar.

Los humanos, son energía pura proveniente de la Fuente Creadora del Todo.

Solo una pequeña porción de vuestra energía es la que hoy ocupa su cuerpo físico. Solo una pequeña porción. El resto está subdividido en los diferentes Planos de Conciencia. El ultimo Plano, la última dimensión, se puede denominar el Yo Superior.

Dimensionalmente creen que las dimensiones se encuentran una encima de la otra, de manera ascendente. Cuando en realidad todo está dentro del Todo, es decir paralelamente y encimados.

No hay una configuración terrenal conocida para describir el paralelismo de las dimensiones, sí lo pueden visualizar como un infinito que gira sobre sí mismo y vuelve a girar infinitas veces. Así se mueven las dimensiones, así se mueven los mundos "paralelos".

La esencia más *alejada* de la terrenal es la que en Verdad son. Es ahí donde volverán luego de trascender esta encarnación. Conectarse con esa parte del Ser que no está en tercera dimensión, sino en 33ra, es conectar con el mismísimo universo, infinito y mágico.

El Yo Superior tiene todas las respuestas a todo lo que les sucede. Son ustedes mismos con todas las respuestas y el entendimiento necesario para la Evolución. El Yo Superior *Es*.


Conectarse con Él es conectarse con la paz y el Amor universal.
¿Cómo comunicarse con el Yo Superior? Dándose el permiso para hacerlo. El Yo Superior siempre está atento a las peticiones, solo espera el momento oportuno para hablar y guiar.

¿Nunca les ha pasado de saber una respuesta sin saber de dónde la saben? Ese es el claro mensaje del Yo Superior. Él sabe todo lo que necesitan saber. Él los acompaña en todas las experiencias vividas; él los guía. Y está dispuesto a ayudarlos siempre. Y más si se lo piden.
El dialogo con el Yo Superior es un dialogo con sí mismos; las respuestas surgirán sin expectativas ni control; porque  saldrán desde el centro del Corazón, y entenderán, y verán lo que antes no podían comprender.
Para este dialogo, los canales de comunicación deben estar limpios. Un canal sucio limita y genera interferencias.

¿Cómo limpian los canales?
Existen dos maneras, la primera pueden realizarla por sí mismos con la meditación, "ir hacia dentro" y encontrarse con su Corazón. En ese instante mágico crean una conexión con su propia esencia, la revelación y la toma de conciencia se expresan, expandiendo así sus canales y comunicación.
Cierren sus ojos, conéctense con el campo energético, denle la orden de que limpie cada uno de los canales de comunicación y las puertas de entrada; ordenen a los chakras que se limpien; y al cuerpo etéreo que se libere de las energías de baja vibración.

Denle la orden al cuerpo emocional y mental que liberen y perdonen las emociones y pensamientos que generan oscuridad. Creen una conexión con la tierra que se haga presente desde los chakras secundarios de las plantas de los pies al centro del planeta; y una conexión con la Divinidad, desde el chakra corona hasta el centro del Universo. Díganles a las glándulas que despierten y que usen su máximo potencial. De esta manera le están ordenando al cuerpo, a la mente y al alma, que reciban la información del Yo Superior. Escuchen con el Corazón y no duden de lo que sienten.

La segunda forma de limpiar los canales es pidiéndoselo a manos especializadas, personas que ya hayan echo ese trabajo con ellas mismas y pueden ayudar a otros. Terapias, sanaciones, armonizaciones, todo lo que la otra persona haga desde el Amor, para ayudar a liberar y limpiar el alma de quien se lo pida.
Realicen estas limpiezas las veces que sientan necesarias. Existen canales muy sucios, bloqueados y contaminados, que requieren de varias sesiones de limpieza. Hay algunos canales que se ensucian con más rapidez que otros, por ejemplo, si una persona que acaba de sufrir una perdida familiar es armonizada, su tristeza puede continuar y los canales se ensuciaran nuevamente.
Existen canales que son más propensos a ensuciarse, como por ejemplo la conexión con la tierra, o el canal de conexión a la Divinidad, estos son los más importantes y por donde logran comunicarnos con su Yo Superior. También son los más sensibles.
Los canales energéticos llamados chakras se desalinean con frecuencia. Las emociones son las primeras causantes.
Esten concientes del campo energético, de su pureza y su suciedad. Para entender la comunicación con el Yo Superior.

La suciedad no es mala, no está ni mal ni bien, ella los ayuda a darse cuenta y Despertar. Los ayuda a *reaccionar* y *tomar* acción sobre lo que son como seres de Luz. Sin la suciedad seguirían durmiendo, en la rutina diaria de conciencia limitada. Esta comunicación, esta conexión es la más Pura y Verdadera que existe. Es conectarse con quién realmente son.

Son energía infinita con poderes infinitos, hechos de Amor Incondicional. Son lo que vienen a dar. Den amor, den ilimitadamente. Porque eso son, eso fueron y eso serán: Seres ilimitados provenientes de un universo infinito.

Experimentar esa infinitud y majestuosidad es conectarse con la Fuente, con el Ser, con el Origen; *y ahí estoy Yo, en lo más "alto" guiándome a mí mismo para entender, y evolucionar en esta ventura que llamamos vida.*

Es una aventura alucinante en donde conocerán lo peor de ustedes para valorar lo mejor, y creerse merecedores de la evolución infinita, del Amor incondicional.

Comprendan que cada uno de estos dones aquí expuestos, no son más que eso que *son* y que *deben* recordar, con el fin de volver a la Verdad. No son poderes mágicos, ni dones de separación para ver quién es mejor. Los humanos suelen hacer mucho eso. Todos tienen *su* Cristo dentro. Todos tienen una porción del universo infinito en su interior. Solo tienen que despertarla, accionarla, y dejar que esa parte gobierne la vida.

# La Fé

**Capítulo 5**

## *Trampa: el miedo*
## *Herramienta: la fe*

Una de las herramientas más Poderosas. La fe es el arma más genuina y Poderosa que tiene el ser humano. La potencia de la fe "mueve montañas", la potencia de la fe hace que el muerto reviva, que el enfermo sane, que el dolor desaparezca, que la incertidumbre se trascurra en armonía, que el miedo no tenga lugar en la vida.

Lograr el estado y la conciencia de la fe, es guiar la vida con el don más poderoso que tienen. Estar en fe es abrir un canal directo con la Fuente, es conectar directamente con El Creador, en un dialogo sin interferencias. Es crear un camino limpio y puro, en donde Él y tu son los protagonistas.

La Fe es dejar al ego de lado, no escucharlo y brindarse a lo que se Es. A todo el poder que existe en ustedes mismos. Es brindarse al Cosmos, a Dios.

Cuando dejan al ego de lado, dejan de prestarle atención a la mente, y ella logra "callar", ahí justo en ese silencio, en ese pensamiento en "blanco", justo ahí se transita por el canal de la Fe y se liberan todos los miedos que perturban. Solo queda un estado de plena confianza y pleno Amor. En el que nada puede salir mal.

Ante diversas situaciones que el humano atraviesa, pone en juego todo su raciocinio. Con él comienza a experimentar la situación desde el lado de la oscuridad, desde el lado del miedo, la preocupación, el dolor, la desesperación, la tristeza, el enojo, la culpa, el error, es decir desde la ilusión. Crea un mundo en el que él y su situación son todo lo que existe. Se ciega ante el hecho de la solución y el aprendizaje, solo esta su mente hablando y hablando. Proponiendo ideas falsas, problemas que no existen. Creando una película en el que el Caos es el protagonista.

Una situación pequeña se convierte en la peor pesadilla para esa mente. Y su dueño, el humano, comienza a vibrar en un estado de oscuridad, atrayendo más de eso. Y no viendo salida alguna.
Cuando esto sucede es cuando deben aplicar el Estado de la Fe. La Fe inamovible es la Fe que todo lo puede. Cuando logran silenciar la mente, apagar el dialogo interno, y apagar la película de drama que se está proyectando, ahí es donde se invoca al estado de la Fe. Conectarse con Dios, con el Dios que Yo Soy. Y liberar, y descansar en Él. El silencio es el que conecta con ese canal Divino de Dios. En el silencio  Dios habla. *En el silencio Soy.*

La Fe es dejar que Dios actué. Y apagar toda proyección falsa. Son creadores de todo lo que los rodea. Desde la situación más dolorosa, hasta el mosquito que no deja dormir de noche. Todo se crea en la mente inconsciente y luego se manifiesta. Dependiendo de la intensidad con la que esa idea se encuentra en el inconsciente, es con la intensidad que se va a manifestar.
*Ver* un choque de autos, por ejemplo, es porque antes se ha creado en la mente mediante ideas, pensamientos y emociones inconscientes. O conscientes. *Tener* un choque, es esa  misma idea, pensamiento y emoción pero más intensa. Repetida en la mente con más frecuencia. Así sucede con todo lo que los rodea. Desde la familia, pareja, relaciones hasta pequeñas situaciones diarias, como, por ejemplo: "se queda mi celular sin batería".
Esa creación que produce una materialización negativa, dependiendo del modo de ver de cada uno, es la creación que

deben "apagar", liberar, soltar, dejar ir, y solo conectarse directamente con Dios. Si esta materialización no se apaga, comienza el miedo, él los aleja rápidamente del canal de la Fe. Él los hace dar un salto al vacío, haciéndolos sentir que todo está perdido. Los absorbe y los lleva a los más oculto y oscuro de su alma, sacando así todas las miserias que allí se encuentran.

El que se deja llevar por el miedo, es un ser que solo vive en la oscuridad. No muestra su rostro temeroso, simplemente ataca y culpabiliza a quien se le presenta. El miedo lo ha hundido. Lo ha llevado hacia lo más sucio de su inconsciente. Esta persona no muestra respeto ni amor por su hermano. Esta persona se queja, maldice, castiga, culpa, se victimiza, obliga, condena. Esta persona no vive en la paz, no vive con amor, no vive en la Fe.


Simplemente deben elegir, sí elevarse en plena Fe ante los ojos de Dios - Padre - Madre - Creador, o sí se hunden en las miserias y se regocijan en ellas como si fueran la salvación, ocultando así el miedo que paraliza y mata.

Al elegir, solo al decidir con el Corazón, con el Ser puro y Verdadero. Solo con ese acto de conciencia lograran tomar la dirección deseada y esperar allí que el milagro de la creación se cumpla.

*Permitíos vibrar en Amor y en plena Paz, para Vuestro bien y el de toda la humanidad.*

# Sanación Pleyadiana
## Capítulo 6

## *Trampa: el dolor*
## *Herramienta. Sanación Pleyadiana*

El dolor no se elige, no se controla ni se administra, el dolor es un estado del alma. El alma puede vivir en estado de felicidad o en estado de dolor, de duelo. No hablamos aquí de tristeza, hay tristezas que duelen, y tristezas que enojan. Aquí hablamos del dolor del alma, de ese nudo en la garganta, de esa pelota en el estómago, de esa lanza en el medio del pecho. Hablamos del dolor que causan las heridas del alma. Esas heridas que han dejado abiertas sin razón aparente, para la propia razón. Y que ha llegado el momento de sanarlas. De sellarlas, de quitarlas del alma.

El momento perfecto es cuando el dolor ya no puede oprimir más de lo que ya oprime. No solo paso por el alma, sino que ya se trasladó al cuerpo físico y la mente quiere entender qué es lo que duele tanto.

Esas heridas del pasado, esas heridas que han dejado atrás y que pensaron que jamás iban a volver a tocar por ese dolor que causaron; hoy, aquí y ahora comienzan a tomar vida y comienzan a gritar su existencia ¡Solo quieren ser escuchadas! Solo quieren ser cerradas y sanadas.

Si este es tu momento, si estas leyendo estas líneas, es porque ese dolor te ha guiado a ellas. Es porque el momento de sanar ha llegado.

*Soltaos hermanos ese dolor que se carga, y se carga, durante décadas, centenares y eones.*

Hoy pesa, hoy ya no lo pueden soportar más, hoy ya es hora de arrojar ese equipaje y liberarlo. Liberar el alma, liberarse de sufrimientos y ataduras.

Los Pleyadianos somos seres que ayudamos a los humanos desde la sanación, los ayudamos a sanar desde un lugar oculto, desde el interior hacia el exterior. Somos seres de sanación, y estamos aquí por ese motivo. Ustedes necesitan ser sanados. Necesitan entender qué es lo que pasa.

Eso es sanación, entender qué es lo que sucede para poder acomodarlo desde el raciocinio.

Si ustedes no entienden, no pueden acomodar, no pueden accionar y hacer. No pueden sanar. Nosotros, los Pleyadianos, los ayudaremos a sanar. Con estas herramientas que les estamos brindando y con todas las que ya hemos brindado, y las que les daremos en un tiempo y lugar oportuno. Nosotros, los Pleyadianos somos seres de quinta dimensión que descendemos a esta dimensión para ayudarlos a ustedes a evolucionar y a entender qué hacen aquí.

Muchos de nosotros hemos decidido encarnar en este proceso evolutivo, que llamamos vida, y hoy ocupamos cuerpos humanos con el fin de ayudar a entender desde adentro. Otros decidimos ayudar desde afuera, brindando asistencia y guía Divina.

Nosotros, que ayudamos desde afuera, brindamos herramientas para el entendimiento, para la sanación. Cuando el alma tiene que sanar, la mente no sabe qué es lo que pasa, y se produce el caos interno. El conflicto con el yo. Cuando el alma comienza a comprender, comienza a acomodar ese caos y a reconciliarse con la propia mente. Los Pleyadianos estamos aquí para ayudar a comprender.

En el proceso de comprensión iniciamos con el entendimiento desde la psiquis. Esta los llevara a los sucesos traumáticos que se asocian con el aquí y ahora. Esa conexión con ese suceso hará que entiendan qué es lo que les sucede hoy. Cuando entiendan estarán adiestrando a la mente, a que frene, escuche, calle, y no tenga nada que decir, con excepción de un simple: gracias.

Al entender están interconectando la psiquis con el corazón. La parte racional que es parte del yo inferior comienza a "atar cabos", para luego aceptar cada situación como única, irrepetible y perfecta.

Hasta que la mente no entienda, el alma no podrá sanar.


Son seres de Luz, de una Luz infinita y sutil, que al descender a tercera dimensión se *convierten* en mente, cuerpo y por supuesto alma. La mente es parte del Todo, es una porción de la infinidad en modo finito. (La mente = conciencia, el Todo = Consciencia).

La mente debe entender que es parte del Todo y que es infinita como el Cosmos. Una vez entendido esto, en el proceso de comprensión, continua la aceptación.

- Acepto quien soy, acepto qué es lo que me está sucediendo, acepto qué es lo que he provocado. Acepto ser el efecto de mis causas.


Al aceptar todo se convierte en paz y armonía. Ya no hay ataque, ya no hay dolor, ya no hay heridas abiertas. El alma comienza a sanar. El alma está cicatrizando.


Nosotros los Pleyadianos ayudaremos a sanar, les daremos las herramientas necesarias para que entiendan y acepten. Es decir para que el proceso de comprensión llegue a su nivel máximo: comprender que son Uno con el Todo. En donde el dolor no existe.


Estas herramientas serán dadas en cada momento, en cada situación. Solo resta que sean receptivos. Tomen el "control" de la situación dual que se presenta. Y tomen conciencia, es decir, que la mente entienda y el alma acepte.

Esa es la verdadera toma de conciencia. Esa Verdad es la que hace que sanen, la que hace que esas heridas en el alma se borren. Se llenen de luz, de paz y que el alma vuelva a ser energía sutil, liviana y brillante.

Con una mente y un corazón que han decidido que el dolor desaparezca, llegará a la Ascensión Divina del Ser. Simplemente con el acto de decidir, con la toma de conciencia y el regocijo en la Verdad.

Las herramientas estarán disponibles para sanar y sellar las heridas. Solo es querer utilizarlas. Quien no decide lo que quiere, quien no decide sanar, no sanará y el ciclo de aprendizaje y dolor seguirán ahí, abiertos, latentes, pidiendo a gritos cerrarse y cicatrizar.

Cada acción, cada pensamiento, cada palabra y cada vibración energética que emitan, atraerá eso que este en resonancia en acción, pensamiento, palabra y vibración.

En estos tiempos, en esta época las partículas cósmicas están tomando velocidades incalculables. Todo actúa más rápido que lo acostumbrado. Ya no tienen que esperar a que algo que es un pensamiento suceda, simplemente sucede al terminar de pensarlo. El Cosmos está creciendo, y al crecer en evolución se "apura" para "terminar" de aprender. Y ese *apurar* da como resultado una vida terrenal más rápida, caótica, agotadora, estresante.
Sí su propósito es sanar *deben* acelerar el paso, y sincronizar con la velocidad del Cosmos. Si no logran acercarse a esa velocidad, se hundirán. No obtendrán una correcta sanación. Vuestra vibración debe de acelerarse para la mayor evolución.

Conéctense a la tierra, al Cosmos, los Pleyadianos estamos aquí para guiarlos y ayudarlos en lo que se presente. Solo deben confiar, tener fe y decidir sanar.

Las herramientas más importantes de ayuda Pleyadiana serán: *Sincronicidad de tiempo y espacio; entendimiento repentino de una situación; sensación de paz luego del caos; caos extremo; sobrecarga de emociones; pensamientos organizadores; ángeles guías.*
Como nos gusta hacerlo, describiremos cada herramienta y daremos ejemplos de ellas para que puedan utilizarlas con eficiencia.

Cuando hablamos de <u>sincronicidad de tiempo y espacio</u>, nos referimos a esos encuentros repentinos de personas o cosas que estaban buscando, o que no sabían que estaban buscando, pero que son respuestas a preguntas que se han formulado en algún momento de caos mental o emocional. A estos encuentros, algunos los llaman *momentos Santos*, son intersecciones de acciones, con el tiempo y el espacio, perfectas para que lleguen a ustedes lo que necesitan para sanar.
Estar en el momento correcto. Escuchar justo las palabras correctas. Encontrar personas en el momento oportuno (muchas veces esos momentos no son lindos de vivir, pero son perfectos). Momentos en que pareciera que la vida los toma como un muñequito y los coloca en el escenario perfecto con los protagonistas adecuados. Esos momentos son calculados por factores cósmicos, que siguen un patrón determinado dependiendo del nivel de conciencia y de la disposición a la sanación. Mas dispuestos estén a sanar, más sincronizados estarán con el camino y con los momentos sagrados que actúan como un mensaje de salvación, de ayuda o de respuesta.

Estos factores se centran en ubicar hologramas en el tiempo y espacio terrenal correspondiente a cada pedido humano. Solo deben de pedir. Nosotros los Pleyadianos, podemos *controlar*, de cierta manera, esos hologramas. Solo basta con pedir Sincronización Divina. Y ahí estaremos, centrándolos en el momento perfecto, con la persona perfecta, en el escenario perfecto (recuerden: que sea Perfecto no significa que sea de su agrado).

Para esto se necesita un enfoque: deben saber qué es lo que quieren sincronizar, cuál es el pedido. Para que nosotros, podamos formar el holograma acorde con ese pedido. Solo se debe pensar en lo que se quiere. El cómo recaerá sobre ustedes, nos encargamos de ello. Cómo aparecerá lo que se pide es prioridad de seres multidimensionales que están para ayudarlos. Hacer el pedido y esperar a la Sincronicidad Divina.


En el <u>entendimiento repentino de una situación</u> la mente, el cuerpo y el alma, son sincronizados en simultaneo con el sentido de la experiencia. Es decir, cada experiencia, cada situación, cada relación que viven tiene un fin. Tiene un objetivo. Ese fin puede ser para llevarlos a otro fin más grande o para cumplir con alguna misión, sanación o karma.

No hay situaciones vividas que no sean para algunas de estas cuestiones. Todo tiene un fin, un para qué ¡Todo pasa por algo!

Por ejemplo:

"Estas en el medio de un caos vehicular, y te alteras porque necesitas llegar con urgencia a un lugar, a cierta hora, para hacer determinada cosa, por ejemplo trabajar. Y este caos te demora haciendo que llegues tarde. Esta situación de estrés no está pasando por casualidad. Debes analizar algunas cuestiones por las cuales ha de suceder este hecho: los Seres Espirituales, por ejemplo, están haciendo demorar el tráfico porque en el lugar de trabajo se está ocasionando un incendio.

Entonces a raíz de la demora vehicular, no estas experimentando la desesperación de incendio y hay una "salvación" de ese momento. O bien esta situación desata emociones que se debes sanar.
Dependiendo de cuál de las opciones sea, la situación se presenta inevitablemente por una de las dos"

Cuando logran ese entendimiento de lo que está sucediendo, de lo que se está proyectando, se crea una armonía entre cuerpo- mente-alma.
La mente entiende la situación a través del raciocinio. El alma entiende la situación a través del aprendizaje que esta deja. Y el cuerpo se relaja, no genera tensión ni dolor.

*¿Qué logro con el entendimiento? Sanar.*
*Brindarme a la Sabiduría Divina. Trascendiendo mi estado conciente mediante el aprendizaje que deja una experiencia.*

*¿Qué es lo que tengo que aprender de esto?*
Es la pregunta a hacer ante cualquier situación: dolorosa, tensa, de furia, situaciones incomodas, desagradables. Situaciones en donde no quieren estar. Y en donde sí quieren estar. Situaciones en sociedad o en soledad. En cada momento del día. Con la simple acción de preguntar las respuestas se revelan. Si es que se permiten ser guiados por la Divinidad.
Es dejar que la intuición sea la que conduzca el día hacia las respuestas. Con el fin de que todo se sincronice para lograr el entendimiento. Y con el entendimiento se trasciende, se acepta y se sana.

Una vez que los hechos se han sincronizado, que se ha tomado conciencia de la situación para sanar, llega el momento de la <u>sensación de paz</u>. Es como la calma después de la tormenta. El llanto después del enojo. La risa después de la tristeza. Es la sensación de que esta *todo bien*. Esta todo como debe de estar.

En esa sensación trascienden y se encaminan hacia la próxima aventura. Hacia la próxima lección. Allí en ese estado de paz interior, de satisfacción, aceptación y gratitud; allí es donde termina y comienza otro camino, otro despertar.

En estos tiempos, en esta aceleración planetaria, los momentos de paz se consideran "cortos". Una vez aprendida la lección conlleva a otra y otra. Sin parar, sin ni siquiera dar respiro. Solo hay que dedicarse a sanar y sanar. Cuanto antes.

Las aceleraciones cósmicas hacen que el despertar de la humanidad se presente cada vez más caótico, doloroso y repentino. Quien no se conecta con este ritmo, perderá su eje, su camino, perderá su norte.
Quien pierde su norte, se halla perdido, sin encontrar un sentido a la vida, y sin encontrar las sensaciones de paz que deja cada lección.
La paz en cada lección existe, solo aprendan a disfrutarla; es un descanso, un Bonus, que regala la Divinidad.
Existen almas evolucionadas, despiertas, que necesitan con urgencia sanar sus heridas y continuar con el proceso de evolución. Estas almas deben de evolucionar para luego ayudar a otros. Si estas almas no despiertan o se retrasan, no lograrán su misión, y no podrán ayudar al despertar de la conciencia humana. Si esto sucede el universo se "retrasa" en su Despertar y en su propia evolución.

La "sensación de paz" es un estado que se experimenta si se permiten sentirlo. Si bien durante los momentos emocionalmente caóticos es más *difícil* sentir paz, esto pueden lograrlo si lo desean. La paz esta allí, siempre, pero muchas veces los humanos solo se permiten sentirla cuando se creen merecedores y cuando han hecho *algo* para alcanzarla. Contemplando esa creencia humana: sanen para que la paz rodee sus cuerpos.

Cuando permanecen en sensación de paz, automáticamente aparece su opuesto, su polaridad, para mantener el equilibrio del universo. Cuanta más paz sientan más crecerá la polaridad opuesta: <u>caos extremo.</u> Tomando al caos como informacion desordenada.

En el proceso: del caos a la paz, <u>las emociones florecen y salen a la luz</u>. Como un remolino de olas en el medio del océano. Una ola comienza y posteriormente las otras. Así trabajan las emociones. Una emoción oculta en el fondo del inconsciente, se activa, y comienza a generar una cadena de revelación de otras olas, de otras emociones. Consecuentemente despertaran las emociones relacionadas con la emoción oculta, con la verdadera emoción que llevan dentro. Todas son derivadas de la *primera*. Y la *primera* la impulsa un disparador, una situación o un agente externo.

Las emociones derivadas son las que tapan la primer emoción. Son los velos que los ciegan y no los dejan ver qué es lo que tienen en su interior. Pero esta quiere manifestarse, entonces con fuerza y potencia, aprovecha el caos generado, y se impulsa para salir. Hasta que llega a la orilla, a la superficie, a tierra firme. Esta orilla puede ser representada como el cuerpo físico, o como la materialización en situaciones y/o personas.

Si las emociones derivadas, también llamadas secundarias, llegan al cuerpo físico, este presentara síntomas de enfermedad o dolencias. Dando como mensaje de alerta que una emoción primaria se ha despertado. Lo mismo sucede cuando estas olas llegan a representarse como una situación negativa en sus vidas.

En este momento las emociones, tanto primarias como secundarias, brotan a la superficie y se manifiestan una tras otra, hasta que el conciente reconozca y pare con la revolución interna de caos.

Y ahora, ¿qué hacen con eso? Antes que nada, reconocer que *esto* está sucediendo, que del caos están brotando todas las emociones ocultas. Sean concientes de que están en ese punto del proceso.

Cuando llegan a ese grado de entendimiento, comienza la etapa en que la emoción oculta se manifestara incesantemente hasta ser descubierta. En ese momento conviértanse en observadores de ustedes mismos, y comiencen a tomar todo lo que les sucede como una manifestación de la emoción oculta que está saliendo a la luz. Entonces es ahí, cuando comienzan a percibir en el *afuera* lo que sucede. Descubren los espejos, las sombras y los factores inconscientes que están proyectando gracias a esa emoción.

Es una etapa que puede durar varios días, meses, u horas. Todo depende del grado de conciencia y de la humildad del observador para querer darse cuenta de lo que sucede.

En el mismo instante que se toma conciencia de la emoción oculta, están trascendiendo, evolucionando y sanando.

Ahora solo queda <u>experimentar el orden</u>. Sentir como el caos desaparece de apoco, a medida que van "atando cabos" y dejando salir lo que corresponde ¡Eso es tomar conciencia! Entender qué es lo que sucede. Haciendo conciente al Inconsciente. Es un instante mágico, lleno de sabiduría y libertad. Al entender, le dan lugar al perdón, a la aceptación y al amor.
Es un instante de absoluta paz, plenitud y majestuosidad. Es un instante que lleva a percibir la vida desde otra perspectiva. Es un instante del Despertar.

Posteriormente, si la emoción oculta estaba guardada en lo profundo del inconsciente, lo próximo que experimentarán, dependiendo de cada uno, son síntomas en el cuerpo físico. Es la limpieza del alma a través del cuerpo, para poder liberar por completo la emoción y la informacion que conlleva.
El cuerpo físico puede experimentar: fiebre, resfriados, diarrea, vómitos, mareos, presión baja, cansancio, entre otros. Que solo duraran unos momentos. Estos síntomas son signo de limpieza. De desintoxicación del alma. Permitan que fluyan por el cuerpo, sentir el malestar y contemplarlo como una limpieza del alma.

A partir de ese momento de congestionamiento físico, pueden ser concientes de que el proceso de sanación está en marcha. La mente logra callar y entender que lo que ella creía verdad, no lo es. Esto puede provocar más caos, porque las estructuras y condicionamientos mentales se están limpiando; no ser conciente de ello, y no contemplar el proceso de sanación pude producir que la lucha interna no cese.

Es el momento oportuno para que el alma hable y saque a la luz toda su sabiduría, organizar todos los pensamientos, sentimientos y responder a la pregunta de *¿para qué me pasa esto que me pasa?*

Lograr identificar el caos y ponerlo en orden generara un gran alivio para la mente. Pero ella no lo puede hacer, no se puede ordenar en el mismo nivel de conciencia en donde se generó caos. Expandir y aumentar el nivel de conciencia generara mayor entendimiento y la manifestación del alma.
Cuando el alma guía, la Divinidad se presenta y la magia ocurre.
Al expandirse tendrán la <u>Presencia infinita de los ángeles</u>, esos seres que son parte de ustedes y del universo. Seres que con su amor puro guían hacia el camino correcto para la evolución. Conducen a la sanación, acompañan, protegen, esperan, y otorgan todo su Amor infinito.

# La Pluma Violeta

## Capítulo 7

## *Trampa: oscuridad*
## *Herramienta: la pluma violeta*

Ante esta trampa: la oscuridad, debemos de explicar lo que esta significa para la vida humana, qué hace aquí, para qué sirve, cómo lograr trascenderla, qué hacer con ella, de dónde viene, cómo entenderla, y todo lo relacionado con lo que crean sobre la oscuridad.

Primeramente, comenzamos con el entender, entender que no puede existir la luz sin oscuridad. Que no puede existir el frio sin el calor; el amor sin el miedo; el negro sin el blanco. Los polos opuestos existen en su dimensión, en la dimensión dual. En donde todo se ve separado. En donde los extremos se hacen notorios. Los polos opuestos no se encuentran de tal manera en el universo, simplemente *Son*. Son energía en frecuencias vibratorias que existen por sí solas. Es decir que no es necesario su opuesto para que se hagan presentes.

Al hablar de oscuridad dual, comienzan a experimentar los polos opuestos del ser. De lo que son. De lo que los forma.
En dimensiones elevadas están formados por un Todo, una energía sutil proveniente de la Fuente Creadora, que lo Es todo. No hay límites. Todo simplemente Es, no existe Uno sin el Todo, ni el Todo sin el Uno.

En dimensiones bajas, como en la tercera, en donde todo se hace más denso, y los limites son visibles, se comienza a experimentar las diferentes frecuencias vibratorias que los componen.
Experimentan lo más elevado de su Ser. Como así también lo más denso  y pesado.

A esta experiencia la llamaran vida. En la vida, se juega el juego de la dualidad. De lo doble. De las polaridades. Del sí y del no. De lo bueno y lo malo. El hombre y la mujer. Así comienza este juego, con Adán y Eva, representando polaridades, opuestos. Energías diferentes. Comienza el juego que aun juegan. Todavía no ha terminado ( jamás terminara, el universo es infinito). Si bien ven al hombre y la mujer como dos, están hablando de lo mismo pero en perspectivas diferentes.

Mirando lo mismo desde diferentes horizontes, diferentes lugares, diferentes sintonías, diferentes frecuencias. Es el Uno mirándose de dos lugares totalmente distintos.

Los humanos consideran lo masculino y lo femenino, el yin y el yang, la luz y la oscuridad. Siempre evalúan las cosas, las personas y las situaciones por medio de opuestos. "esto me gusta, esto no"; "esto me queda bien, esto no"; "esto es bueno, esto es malo" y así podemos dar infinitos ejemplos.

Pero bien, ¿qué hacer con esto? ¿Qué tiene de malo o de bueno esto? Para el universo esto no tiene sentido. Pero para la tercera dimensión sí.

En la 3D, existen tres fases, tres etapas, tres visiones. La primera: "lo nulo", la nada, el estar, el centro, el medio. En la segunda: encuentran una primera polaridad, pueden llamarla la oscuridad, lo negativo. Y en la tercera se encuentran con la luz, lo positivo. Estas fases no son estrictas, ni delimitadas por algún tipo de límites, barreras o líneas divisorias. Simplemente son fases que se superponen entre sí. El "problema" radica en el momento que se inclinan hacia un polo, ya sea al negativo o al positivo (sí al positivo también).

Cuando uno busca *estar* en una polaridad, no completa su círculo. Su circuito. Su ciclo. Su aprendizaje. Aquí vuestra misión es estar en el medio. Encontrar el equilibrio. Integrar las dos polaridades. Y allí se centra vuestra tarea. Allí se encuentra la misión del alma.

Esa tarea que parece imposible, e infinita. Ese punto en donde de lo "malo" pueden sacar algo "bueno", y de lo "bueno" sacar algo "malo". En ese punto en donde todo se mezcla. En donde todo es Uno. En donde no hay principio ni final. En donde el infinito toma vuelo. En ese punto en donde aprenden de las "desgracias" y lloran ante la felicidad plena. Es un punto de equilibrio. Un punto en donde el Ser se siente Realizado. En donde pueden decir: "¡Me encontré!"; "Aquí estoy, sé quién soy y entendí que vengo a hacer aquí".

Para llegar a la integración, a la Realización del Ser, existen varios caminos. Los caminos del autodescubrimiento son infinitos. Aquí optamos por mostrar uno en particular. Un camino que los Pleyadianos de Luz tienen para ustedes. Somos Seres de la Familia de Luz que los acompañamos en cada paso, en cada decisión, en cada situación. Estamos aquí, aunque no nos vean. Aquí para guiarlos y para acompañarlos con nuestra sabiduría infinita en este juego que vinieron a jugar. Los Pleyadianos tenemos las herramientas adecuadas para que "ganen" este juego y salgan ilesos de cada "nivel".

La herramienta para la integración que aquí brindaremos es la "Pluma Violeta". No es un pluma de color violeta. Es una vibración energética, con frecuencia elevada. Con la capacidad de adaptación para cada individuo y cada necesidad. Es un estado del Ser. Es la Unicidad en estado puro para el Ser.

Las ondas electromagnéticas provenientes del cosmos en estado puro se reacomodan como piezas de rompecabezas para ser aceptadas por las energías de la tercera dimensión. Estas ondas, viajan a la velocidad de la luz, captando la energía de los astros, de otras galaxias, de soles y estrellas. Teniendo la capacidad de absorber la frecuencia que necesita, acoplársela y descender a tercera dimensión para envolver su energía.

Imaginen una ráfaga de energía que circula por el universo, pasa por los diferentes planetas y toma un poco de cada energía. Pasa por diferentes soles, por portales multidimensionales, por las estrellas. Y así con la esencia pura de cada "lugar" en donde pasa, comienza a descender. Desciende a tercera dimensión. Suave y sutil como una pluma cuando es llevada por la brisa. Y así, esa energía se acopla con la su energía. Comienza el proceso de trasformación, absorción y aceptación de dicha energía por ustedes mismos. Sucediendo la magia, la integración.

¿Cómo es esto? ¿Cómo se manifiesta? Primeramente, deben entender que esta energía transmutadora se pide. Se pide al cosmos, se pide a los Pleyadianos de luz. **Pidan la energía de la Pluma Violeta**.
Esta energía comenzara a nutrirse de todo lo que uno requiere. De lo necesario para ese momento. Para esa etapa. Para ese proceso de sanación y de evolución. Al descender será aceptada por sus cuerpos energéticos y la mente.
Una vez aceptada se comenzará con el proceso energético de transmutación. En la vida terrenal lo verán como un sin fin de sincronicidades, entendimientos, sanación, aceptación,

dicha, gracia, plenitud, amor, felicidad, integración con uno mismo. En donde la mente y el alma logran entenderse.

Una vez que se materializan estos estados, comienzan la etapa de aprender a vivir con ellos. Parece cosa fácil, claro,
¿Qué tan difícil puede ser aprender a vivir en la felicidad?

Bien, más difícil de lo que parece. Ahí el sistema de creencias, el ego, la polaridad oscura, estará totalmente en contra. Ella quiere la exclusividad. Ella quiere ser única y hará todo lo posible para serlo. Ese es su mayor desafío: Aprender a vivir en la integración, en la Unicidad. En la común unión de todo y de todos. Ese es el reto.

Las sensaciones que atraviesan el cuerpo físico cuando ponen en práctica estas energías, limpiezas, sincronizaciones, pedidos, etc. Son sensaciones de pureza, plenitud del alma, gozo, armonía, compasión, paz, amor puro e infinito.
¿Qué Ser en este mundo no quiere experimentar eso?
¿Qué Ser puede ser tan ciego como para no ver lo que hay más allá de sus narices?
¿Qué Ser no elegiría la paz en vez de la guerra?
¿Qué clase de Ser eres?
¡Es probable que si estas leyendo este libro seas un ser que elige Ser! Y eso es todo.

Solo elegir el sendero que el alma vino a caminar. Solo elegir nuevamente, eso que ya se ha elegido antes de la encarnación. Solo elegir, recordar y transitar esta experiencia, como eso: Una experiencia que permita auto-reconocerse, que permita saber *quién soy* y hacia dónde voy.

Un camino en donde todo es aprendizaje conciente y presente. Un camino que lleve de regreso a casa. Un viaje el cual elija vivirlo desde el amor, la aceptación y el entendimiento. Un viaje lleno de magia, sabiduría y felicidad.

¿Qué camino vas a tomar? ¿El del miedo o el del amor? ¿La luz o la oscuridad? ¿El dolor o la aceptación? Pregúntate en cada paso, en cada decisión: ¿Estoy eligiendo lo que me hace feliz? ¿Estoy eligiendo desde mi Ser? ¿Elijo ver o cegarme ante esto? ¿Esto es lo que quiero? ¿Este es el camino que mi alma a elegido para mí? ¿Qué estoy aprendiendo de esto? ¿Qué experiencia estoy atravesando? ¿Estoy en el camino de Luz?

# Respiración Pleyadiana

## Capítulo 8

## *Trampa: Presión*
## *Herramienta: Respirar*

"Respirar" puede sonar un tema un poco ilógico. En lo general respirar es algo común, un sentido común que todos los seres vivos aplican, es un proceso biológico natural de inhalación del aire limpio, y exhalación de aire "sucio". Respirar es lo primero que hacen cuando llegan a este mundo, y respirar es lo último que hacen cuando lo dejan. Entonces ¿porque es una herramienta?

Porque se olvidan de respirar, bloquean la respiración con procesos mentales inconscientes, los cuales hacen que la oxigenación de la sangre no sea fluida y que comiencen a "bloquearse" todos los sistemas biológicos del cuerpo físico.

Si llevan la atención a la respiración durante todo el día, se darán cuenta de las veces que "dejan de respirar", frenando el proceso natural. El movimiento de inhalación - exhalación se detiene por segundos sin ser concientes de esto.

Entonces es ahí cuando caen en la trampa de la Presión. Comenzando a actuar con lo que comúnmente se llama "bajo presión".

El comportamiento humano de actuar bajo presión tiene una relación íntima, inconsciente y profunda de origen biológico, con la respiración. El actuar bajo presión es tan natural como el respirar.

Piensen un instante, ¿cómo es que salen de la panza de mamá? Con presión. La mujer ejerce una determinada presión para que el bebe salga de ella. Entonces ahí es cuando, adquieren este comportamiento natural. Implantando la creencia de que para "nacer", moverse, hacer, hay que estar bajo el comportamiento de presión (y ni hablemos del parto por cesárea).

La presión es la fuerza que se ejerce desde una polaridad opuesta al camino indicado. Es como "ir en contra la corriente", haciendo una fuerza extra que permita avanzar hacia la dirección que desean. Así la presión se convierte en una de las trampas más primitivas de la Humanidad. Con la certeza de que para ir hacia algún *lugar* la única forma es hacerlo "bajo presión"

Todo comportamiento humano es predecible y repetitivo. Observarlo los llevara a Ver que la base del accionar siempre es la Presión.
Algunos ejemplos de esto es: dejar todo para lo último, tomarse el tiempo para no hacer algo, esperar hasta último momento para hacer; llegar al propio límite de tolerancia; llegar a ultimo día para tomar cartas en el asunto; esperar a que las cosas "exploten" para hacer algo; esperar a que algo se rompa o ya no sirva para cambiarlo; entre otros.

Esta trampa los limita, creen en ella como si fuera real, rígida e inamovible. Es una trampa que se siente en el medio del pecho, y que es la causa de la mayoría de las enfermedades. El cuerpo les habla ante tal presión. El cuerpo dice que frenen y que se escuchen, que respiren.

Respirar es la herramienta que deshace la presión. Es la única forma que tienen los seres humanos para poner un freno a la vorágine de la vida y volver a uno mismo. Respirar los lleva a que recuerden que son parte de un cuerpo, con sus funcionamientos y comportamientos; les recuerda que están en un lugar físico, con personas y cosas. Que tienen sentidos biológicos, deseos, anhelos, esperanzas, expectativas, miedos, emociones.

Respirar les recuerda que están vivos. Y vivir es lo que eligieron hacer en la tierra.

La presión es lo que los desvía del camino original. Es la causa de las distracciones que aparecen en el día a día. Es bloqueos y obstáculos en el camino. La presión dice: "para que hacerlo fácil si podemos tardar un poco más, distraernos, y desviarnos?". La presión es la que les hace creer que la dificultad existe. La que quiere controlar todo para que nada salga como *debería*. Presión, dificultad, control, son un gran "mixs" de energías que existen en la conciencia dual para que el ciclo de la vida no deje nunca de repetirse.

Entonces se encuentran viviendo una y otra vez lo mismo, mismas situaciones, mismas emociones, mismo sentir. Tal vez, con diferentes personas, tal vez en diferentes contextos, pero lo mismo.

"¿Otra vez lo mismo?" y la respuesta es "SI. Otra vez".

Y no solo con situaciones, sino también con vidas. Una vida y otra vida, en círculo, con las mismas cargas, que se intensifican, se alivian o se pasan a la otra polaridad; pero siempre con las mismas cargas. Repitiendo una y otra vez la misma historia.

¿Para qué? Para que la dimensión dual no se destruya, para que la entidad que la domina no muera (el ego). Para asegurar que la raza humana siga sobreviviendo.

Y ahí está la trampa, la raza humana no recuerda todo el poder que tiene, no recuerda qué hace aquí en esta tierra. El circulo por el cual camina ya hizo que se "mareen" y caminen sin rumbo. La forma de recordar que todo humano tiene el poder infinito del universo, recordar que no son ni más ni menos que los ángeles, o los seres de luz, o los seres de otras dimensiones, recordar que son ilimitados, con magia en su conciencia, es usar la herramienta de la Respiración.

*Respiro para mantenerme con vida, respiro para mantenerme sincronizado con el universo. Respiro para recordar. Respiro para concéntrame. Respiro para salir de la presión que la vida y la sociedad ponen.*
*Respiro para Ver, para escucharme y para elegir.*
*Respiro para sentirme.*

Los emisarios Pleyadianos de luz estamos para acompañarlos en el proceso de aprender a respirar. Si bien creen que ya lo saben, y de cierta forma sí, porque sino no estarían con vida. ¿Qué clase de vida están viviendo? ¿Qué tan difícil se están poniendo la experiencia? ¿Qué tan bloqueados se sienten? ¿Qué tan enfermos están? ¿Qué sienten en el pecho, ahora?

Eso es no saber respirar. La respiración desde este plano, desde esta frecuencia energética es el movimiento oscilante del universo, un vaivén de sonidos que se expanden y se contraen, de manera continua, sin interrupciones. En un flujo de ondas que danzan al compás de la existencia. El universo respira por sí mismo. Todo Ser que tenga vida, respira por sí mismo, al unisonó del universo. Eso es estar en Unidad, en conexión con el cosmos. Es sentir su vaivén sutil e infinito.

Respirar se hace desde el centro del pecho, en el chakra cardiaco. Desde allí la energía ingresa al sistema, lo purifica y desecha todo lo que no sirve. Respirar es no envejecer, porque no hay una conciencia dual biológica de oxigenación, es decir no hay oxidación. Porque respirar es expansión.

Toma aire por nariz y lleva la atención al pecho, al centro del pecho. Allí esta toda la atención. Siente como el cuerpo se mueve, sutil, permanente, constante. Se mueve descansando sobre sí mismo. Sin tiempo, ni espacio. Sin apuros ni preocupaciones. Se mueve al compás del cosmos, y eso es Unidad. Eso es posar la vida en la Unicidad, en la morada de Dios. Eso es iluminarse.

# Oasis del Tiempo

## Capítulo 9

## *Trampa: la ansiedad*
## *Herramienta: el Ahora.*

En una Humanidad en donde se cree que el tiempo es el recurso más valioso que se presenta,  la vorágine de la rutina no deja que Vean que, ese tiempo tan preciado en el que viven, es una ilusión óptica creada por el miedo a perder el control y el miedo a sufrir.

Un futuro representado con     miedo a perder lo que aún no tienen, y un pasado que no ha sido el más feliz, y el miedo a repetirlo hace que quieran alejarse de él lo más pronto posible. En una Humanidad donde la enfermedad que se han inventado es el estrés, y han echado culpas e iras hacia cosas externas  que causan ese cansancio extremo que no pueden controlar ni frenar.

Viviendo en el pasado y en el futuro, sin tomar una pausa para Ver qué es lo que pasa ante los ojos. Porque eso que está allí sucediendo es la vida.

La vida no está en el pasado o en el futuro, sino que está sucediendo *ahora*. En el presente.

La sensación física de no vivir el presente, es la muerte. Mueren en vida. No viven, sino que sobreviven, ante  la energía del movimiento oscilante del universo. La misma inercia de movimiento de respiración (inhalación - exhalación) en el punto cero, donde el aire se retiene dentro o fuera del cuerpo, en el momento de la pausa, del *ahora*. Es donde logran tomar el impulso para continuar con "vida". Una vida lejos de ser a la vida que el alma viene a vivir al planeta Tierra. Una vida llena de miedos, con sensación de muerte en cada paso; protegiéndose de lo de allí afuera, como si eso existiera.

La adrenalina generada en el torrente sanguíneo provoca una aceleración en el metabolismo y en oposición una muerte ilusoria.

La aceleración es causada por el miedo a ir hacia el futuro, hay una necesidad de "apurarse" para llegar hacia ese lugar que aun, en tiempo, no existe.

La muerte ilusoria está dada, por volver al pasado, a ese lugar en el tiempo que ya no existe. Si ese lugar no existe, ¿dónde es que quieren volver?

No hay nada, allí no hay nada más que recuerdos y emociones. Como allí no hay nada, el fin se manifiesta, la muerte se presenta y la sensación de sufrimiento se experimenta.

Estos son los polos opuestos de la energía de ansiedad: van al pasado a buscar información a los recuerdos vividos, ellos ya no están, pero se cargan como si estuviesen aun presentes. "Llevan" ese recuerdo al futuro, queriendo controlar lo que sucederá, para no sufrir como han sufrido en el pasado. Es una carrera interminable, ese ir y venir, genera ansiedad.

Salir de la ansiedad es centrarse en el *ahora*, en el momento presente, el punto de atención es donde estas, aquí, qué haces aquí, en este momento. REPITE:

*Siento el momento, vivo el momento, y soluciono los "problemas" del momento. No hay pasado que cargue, no hay futuro que controlar. Solo existe aquí, donde el cuerpo está manifestándose.*

*Me siento, me miro, me observo.*

*Hago una pausa, me encuentro, me descubro, respiro.*

Oasis es encontrar el polo opuesto en una inmensidad. Agua en el desierto. Tierra en el mar. Presente en el tiempo.

# Autodescubrimiento

## Capítulo final

# *Camino hacia el AUTODESCUBRIMIENTO*

El autodescubrimiento es la única tarea concreta y verdadera que tienen en la tercera dimensión. Han decidido encarnar para descubrir quienes son vistos de la perspectiva de la dualidad. En esta perspectiva se mostrarán todas las miserias, dones, esencia que el Ser trae consigo desde los orígenes. Es la perspectiva que trae la ilusión. La no verdad de lo que son. Y por eso esta vida se torna en un juego, del cual son protagonistas: descubrir *quién soy* en verdad saltando las trampas de la ilusión.

*Llegar a conocer mi Única Verdad a través del juego de la sanación. Limpiando lo que no soy. Y llegando así a lo que se he dejado oculto: La Verdad de mi existencia.*

Si bien cada uno de los humanos vienen a este mundo a experimentar ciertas energías: de amor, de odio, de abandono, apego, soledad, carencia abundancia, y también a desarrollar tareas, misiones, especificas dependiendo del grado de descubrimiento que posee cada alma. Hay una tarea en común, una tarea global de la que nadie puede escapar. Y esta es, por supuesto, la de descubrir qué es lo que se guarda en el interior.

Cuando uno comienza por este maravilloso camino, una de las frases que más va a escuchar es "como es afuera es adentro". Esa es la base. Esa es la ley primera. Ahí está el origen de toda evolución, trascendencia, expansión, sabiduría, plenitud, amor, paz, dicha. Cuando logran entender el significado de esa frase, logran entender el sentido de la vida. Y comienzan a caminar con otro enfoque, con otros ojos, con otra perspectiva hacia lo que ven y lo que piensan.

Es importante que entiendan esto, es la teoría fundamental y la puesta en práctica más compleja que a la mente humana se le pude ocurrir. Es un viaje de ida, en donde viajan al interior del Ser, atraviesan capa por capa de oscuridad. Capa por capa de miedos, barreras, creencias, juicios. Atraviesan lo más oscuro para llegar a la luz. Para llegar a reencontrarse con ustedes mismos. Para volver a casa.

En este viaje de regreso, es un viaje que tiene un origen claro. Y un final infinito. Imaginen que suben a un vehículo, parecido a una nave espacial y comienzan la aventura de ingresar a su propio interior. Cuando suben a la nave, no hay pasajeros, no hay capitán. Están solos comandando este viaje y dirigiéndolo por ustedes mismos. Al subir, una voz los prepara, les dice que será un viaje largo, sin retorno. El cual tendrá muchos baches, zonas peligrosas, zonas sin luz. Zonas en donde no querrán continuar y solo pedirán regresar. Zonas en donde la densidad los hará forzar el motor. Zonas de descanso. Zonas de claros. Zonas de relax. Paradores donde podrán respirar y encontrarse con otros tripulantes de otras naves. Habrá zonas inimaginables, de paisajes altamente bellísimos y otros altamente espeluznantes. Se enojaran y estarán ansiosos por llegar. Se pondrán tristes y llenos de miedo. Por momentos habrá alegría y satisfacción. Pero llegaran, llegaran al interior y entenderán todo: el para qué tanto viaje y porqué tantas zonas. Entenderán la existencia, el Origen. Y solo sentirán plenitud y un "valió la pena". Sera un lugar de aceptación, entendimiento, dicha, amor. Se encontrarán con ustedes mismos. Descubrirán la Verdad y la Verdad de la vida… y se les preguntará, uno por uno: *¿Estas listo para comenzar?*

*Cuando miréis al Cielo, Recordad que la Inmensidad más
Pequeña está en aquellas cosas que no puedes tocar con el
Corazón.*

*Cuando miréis al Cielo, Recordad que la Inmensidad más
Infinita está en aquellas cosas que puedes tocar con el
Corazón.*

*Tu Corazón es tan Inmenso como el Cielo y tan Infinito
como una gota de lluvia rodando por tu mejilla.*

*Tu Corazón es tan Inmensamente pequeño como el Sol y
como las lágrimas de las aves que lloran desconsoladas por
el dolor de Ver a un Mundo de ciegos destrozando la
Inmensidad de la Naturaleza.*

*Que tu Corazón haga sonreír al Sol y Volar a las aves.*

*Que tu Corazón sea Inmensamente pequeño como para
caber en el ojo de un alfiler y en océano azul.*

# Un viaje de regreso a casa

Guía práctica para el Despertar Espiritual. Mensajes canalizados de los Emisarios Pleyadianos que aportan claridad a las situaciones del día a día y sanación para el alma. Capítulos que brindan Herramientas para la liberación de trampas mentales y emocionales, con el fin de lograr un cambio que conecte con el Amor, la Paz y el bienestar.

Eres el camino de tu propia experiencia hacia el reencuentro con tu Verdad. Una Verdad que te hará libre de miedos y ataduras. Los Emisarios Pleyadianos se presentan como seres de Luz que guían hacia la sanación. Gracias a Ellos y a sus mensajes se logra una visión diferente de lo que sucede en la mente, en las emociones y en las relaciones. Te conectaras con Ellos desde un lugar profundo, revelador, lleno de Magia y Amor. Si estas en un proceso de transformación y de cambios, este libro es para ti.

¿Estás listo para ser guiado, sanar y reencontrarte?